Bhante
Henepola Gunaratana

El libro del mindfulness

Traducción del inglés de
David González Raga y Fernando Mora

editorial Kairós

Título original: MINDFULNESS IN PLAIN ENGLISH
Originally published by Wisdom Publications Inc.

© 2002 Bhante Henepola Gunaratana
© de la edición en castellano:
2012 by Editorial Kairós, S.A.
Numancia 117-121, 08029 Barcelona, España
www.editorialkairos.com

© de la traducción del inglés:
David González Raga y Fernando Mora
Revisión: Amelia Padilla

Fotocomposición: Moelmo, SCP
Impresión y encuadernación: Romanyà-Valls. Verdaguer, 1. 08786 Capellades

Primera edición: Marzo 2012
ISBN: 978-84-9988-137-9
Depósito legal: B 9.012-2012

Sumario

Prefacio   **7**

Introducción: El budismo occidental   **9**

1. Meditación: ¿por qué hay que preocuparse?   **15**

2. ¿Qué no es la meditación?   **27**

3. ¿Qué es la meditación?   **41**

4. La actitud   **53**

5. La práctica   **59**

6. ¿Qué hay que hacer con el cuerpo?   **79**

7. ¿Qué hay que hacer con la mente?   **85**

8. Organizando la meditación   **97**

9. La planificación de los ejercicios   **107**

10. Enfrentarte a los problemas   **117**

11. Enfrentarte a las distracciones I   **137**

12. Enfrentarte a las distracciones II   **145**

13. Atención plena (*sati*)   **163**

14. Atención plena frente a concentración   **177**

15. La meditación en la vida cotidiana   **187**

16. ¿Para qué puede servirte?   **201**

Epílogo: El poder del amor-amistad   **209**

Índice   **233**

Prefacio

La experiencia me ha enseñado que, si quiero que me entiendan, debo utilizar el lenguaje más sencillo posible. Y gracias a la enseñanza también sé que, cuanto más rígido es el lenguaje, menor es su eficacia. La gente no responde muy bien al lenguaje serio y elaborado, especialmente cuando tratamos de enseñarle algo que considera ajeno a su vida cotidiana. Esto es precisamente lo que ocurre con el caso de la meditación, una práctica que a muchos se les antoja ajena. Quien quiera emprender el camino meditativo necesita instrucciones muy sencillas que le permitan, en ausencia de un maestro, practicar por su cuenta. Este libro pretende responder a la demanda de muchos meditadores de un manual sencillo y escrito en un lenguaje accesible.

Son muchos los amigos que me han ayudado en la elaboración de este libro, razón por la cual les estoy profundamente agradecido. Quisiera, en este sentido, expresar mi más profunda estima y agradecimiento a John M. Peddicord, Daniel J. Olmsted, Matthiew Flickstein, Carol Flickstein, Patrick Hamilton, Jenny Hamilton, Bill Mayne, Bhikkhu Dang Pham Jotika y Bhikkhu Sona por las valiosas sugerencias, comentarios y críticas que, durante su elaboración, me ofrecieron. También quiero dar las gracias a Elizabeth Reid por el Epílogo a esta nueva edición y a la reverenda hermana Sama y Chris O'Keefe por su apoyo y sus esfuerzos.

Bhante Gunaratana

Introducción
El budismo occidental

Este libro gira en torno a la práctica de la meditación *vipassana*. Lo repetiré una vez más, de la práctica. Se trata, por tanto, de una guía de meditación, de un manual que explica, paso a paso, los entresijos de la visión profunda. Su objetivo, pues, es eminentemente práctico.

Son muchos los libros, algunos de ellos excelentes, que se ocupan de los aspectos filosóficos y teóricos de la meditación budista. A ellos derivamos a los lectores interesados en ese tipo de cuestiones. Pero este es un manual escrito para quienes quieren meditar, especialmente para quienes quieren comenzar ahora mismo. Como no son muchos, en Occidente, los maestros cualificados de meditación budista, nuestra intención es la de proporcionar al lector la información básica que necesita para emprender el vuelo. Solo quienes se atengan a las instrucciones aquí esbozadas estarán en condiciones de valorar la bondad de nuestro empeño y solo quienes mediten regular y diligentemente podrán juzgar si hemos alcanzado o no nuestro objetivo. Es muy posible que ningún libro pueda abarcar todos los problemas con que el meditador pueda tropezar y que haya casos en que se requiera la intervención de un maestro cualificado. Entretanto, sin embargo, nos ocuparemos de los principios fundamentales de la meditación, cuya comprensión puede resultar muy útil para el lector.

Existen muchos tipos de meditación. Cada una de las grandes tradiciones religiosas cuenta con algún método, al que suele denominar "meditación". No es de extrañar, por tanto, que el significado de este término sea tan confuso. El lector debe saber que este libro se ocupa exclusivamente de la meditación vipassana tal y como se enseña y practica en el budismo del sur y el sudeste asiático. El término "vipassana" es una palabras pali que suele traducirse como "visión profunda", porque su objetivo es el de proporcionar al practicante una visión cabal del funcionamiento de las cosas y la correspondiente comprensión de la naturaleza de la realidad.

Globalmente considerado, el budismo no tiene mucho que ver con las religiones teístas con las que los occidentales están familiarizados. Es un camino que nos permite adentrarnos en el dominio espiritual o divino sin necesidad de apelar a divinidades ni "intermediarios" de ningún tipo. Su "aroma" es intensamente clínico y se asemeja mucho más a una psicología que a lo que habitualmente llamamos religión. La práctica budista es una investigación continua de la realidad, un análisis microscópico del proceso de percepción. Su intención apunta a descorrer el velo de mentiras e ilusiones, a través del cual contemplamos el mundo, hasta poner de relieve el rostro de la realidad última. Ese es el objetivo último de la antigua y elegante técnica de la meditación vipassana.

El budismo Theravada (pronunciado "terra vada") ha desarrollado un sistema sumamente eficaz para explorar los niveles más profundos de la mente que llega hasta las raíces mismas de la conciencia. También nos proporciona, acompañando a todas esas técnicas, un elaborado sistema de rituales. Esa hermosa tradición es el resultado natural de 2500 años de desarrollo en el seno de las culturas tradicionales del sur y el sudeste asiático.

Trataremos, en este libro, de separar lo fundamental de lo accesorio y nos esforzaremos en centrarnos sobre todo en la verdad desnuda. Son muchos los libros que se ocupan del amplio acervo de costumbres y ceremonias a los que puede apelar el lector interesado en los aspectos rituales de una tradición, como la Theravada, impregnada de belleza y significado. Quienes, por su parte, tengan una tendencia más pragmática pueden centrarse exclusivamente en los aspectos técnicos y aplicarlos al contexto filosófico y emocional que prefieran. Lo fundamental, en suma, es la práctica.

La diferencia que existe entre la meditación vipassana y otros tipos de meditación resulta esencial y debe ser muy bien entendida. El budismo utiliza dos grandes tipos de meditación que requieren habilidades mentales, modalidades de funcionamiento y cualidades de conciencia muy distintas que, en pali, idioma original de la literatura Theravada, reciben los nombres de *vipassana* y *samatha*.

Como ya hemos comentado, la palabra "vipassana" suele traducirse como "visión profunda", es decir, la conciencia clara de lo que ocurre en el mismo momento en que está ocurriendo. Por su parte, «samatha» –que suele traducirse como "concentración" o "tranquilidad"– es un estado en el que la mente se focaliza en una sola cosa, sin permitir que vaya de un lado a otro. Cuando esto se logra, el cuerpo y la mente se impregnan de una calma profunda, un estado de tranquilidad que solo pueden entender quienes lo hayan experimentado. La mayor parte de los sistemas de meditación enfatizan el componente de samatha, y, en ellos, el meditador concentra su mente en un determinado objeto, como una oración, un canto, la llama de una vela o una imagen religiosa, por ejemplo, excluyendo cualquier otro pensamiento o percepción. El resultado de todo ello es un estado de arrobamiento que dura toda la sesión meditativa. Se trata de una experiencia hermosa, placentera, significativa y seductora... aunque también provisional.

En la meditación vipassana, en cambio, se cultiva un aspecto diferente: la visión profunda. Quien medita de este modo utiliza la concentración como una herramienta que permite a su conciencia derribar el muro ilusorio que le separa de la luz viviente de la realidad. Es así como, a lo largo de un proceso gradual que dura varios años, la conciencia del meditador va profundizando en el funcionamiento interno de la realidad hasta que, un buen día, atraviesa ese muro y tropieza con la presencia de la luz. La transformación así provocada es completa y permanente. Y, aunque todos los sistemas de práctica budista aspiran a esa liberación, los caminos para alcanzarla son muchos y muy diversos.

Existe una amplia variedad de escuelas de budismo que podríamos, hablando en términos generales, dividir en dos grandes corrientes, la Mahayana y la Theravada. El budismo Mahayana impregna las culturas de China, Corea, Japón, Nepal, Tíbet y Vietnam. Una de sus escuelas más conocidas es el Zen, fundamentalmente practicado en Japón, Corea, Vietnam y Occidente. La escuela Theravada, por su parte, prevalece en países como Sri Lanka, Tailandia, Myanmar, Laos y Camboya. De esta última escuela, precisamente, se ocupa este libro.

La literatura Theravada tradicional describe las técnicas tanto de la meditación samatha (concentración y tranquilidad mental) como de la meditación vipassana (visión profunda o conciencia clara). La literatura pali menciona la existencia de 40 objetos o temas de meditación diferentes, recomendados como objetos de concentración o temas de investigación, para profundizar nuestra visión. Pero, como este es un manual básico, limitaremos nuestra exposición al más sencillo y fundamental de todos ellos, la respiración. Este libro es una introducción al logro de la atención y la comprensión plenas del proceso respiratorio. Utilizando la respiración como foco fundamental de atención, el meditador aplica una observación participativa a la totalidad de su universo perceptual. Así es como aprende a observar los cambios que se dan en todas las experiencias físicas, emocionales

y perceptuales y a estudiar su actividad mental y las fluctuaciones de la conciencia que ocurren de continuo e impregnan todos y cada uno de los momentos de nuestra experiencia.

La meditación es una actividad viva, una actividad básicamente experiencial que no puede ser enseñada como una cuestión estrictamente teórica. El núcleo vivo del proceso meditativo se asienta en la experiencia personal del maestro. Y existe, en este sentido, una amplia base de datos recopilados y codificados por algunos de los seres humanos más inteligentes y profundamente iluminados que han vivido sobre la Tierra. Se trata, por tanto, de un legado literario que merece toda nuestra atención. Muchos de los aspectos tratados en este libro han sido extraídos del Tipitaka, un compendio canónico de las enseñanzas originales del Buddha. El Tipitaka está dividido en tres secciones: el Vinaya (el código que deben seguir monjas, monjes y laicos), los Suttas (los discursos públicos atribuidos al Buddha), y el Abhidhamma (un conjunto de profundas enseñanzas psicofilosóficas).

En el siglo I d. de C., un eminente erudito budista, llamado Upatissa, escribió el *Vimuttimagga* [*El camino de la liberación*], que resume las enseñanzas del Buddha sobre la meditación. En el siglo V d. de C., el gran erudito Buddhaghosa abordó el mismo tema en una segunda y erudita tesis, el *Visuddhimagga* [*El camino de la purificación*], que sigue utilizándose como manual básico de meditación.

Nuestra intención, en este libro, es la de presentar al lector, del modo más concreto y claro posible, las directrices fundamentales de la práctica de la meditación vipassana. En él, solo ofreceremos las indicaciones necesarias para dar los primeros pasos. Al lector le corresponde adentrarse en el camino del descubrimiento de sí mismo y del mundo. Se trata de un viaje que merece la pena y en el que le deseamos lo mejor.

1. Meditación: ¿por qué hay que preocuparse?

La meditación no es fácil. Requiere tiempo y energía. Y también requiere valor, determinación y disciplina, cualidades que, por considerar desagradables, tratamos, en consecuencia, de evitar. Podríamos agrupar todas esas cualidades bajo la expresión "sentido común" y decir que la meditación requiere sentido común. Pero ¿por qué deberíamos preocuparnos? ¿No es mucho más sencillo sentarse a ver la televisión? ¿Por qué, cuando podríamos estar divirtiéndonos, debemos desperdiciar nuestro tiempo y energía? La respuesta es muy sencilla. Porque, como todos los seres humanos, somos herederos de una insatisfacción básica que nunca cesa. Puedes distraerte unas cuantas horas, puedes eliminarla provisionalmente de tu conciencia, pero, más pronto o más tarde, precisamente en aquellos momentos en que menos la esperas, vuelve a hacer acto de presencia.

Es entonces cuando, de repente y sin saber cómo, te das súbitamente cuenta de que la vida se te escapa. Tienes un buen aspecto y, de un modo u otro, te las arreglas para sobrevivir. Pero, por más que, externamente, todo parezca discurrir bien, ocultas para ti mismo los momentos de desesperación en los que parece que todo se derrumba. Eres un desastre y lo sabes, pero te has especializado en disimularlo. En el fondo, sin embargo, sabes que hay otra forma de vivir, una forma más adecuada de ver el mundo y una forma más plena de vivir la vida. Pero eso es algo con lo que solo tropiezas en contadas ocasiones. Encuentras un buen trabajo, te enamoras, recibes tu recompensa y, durante un tiempo, los problemas parecen desaparecer. La vida asume entonces una luminosidad y riqueza ante la que palidecen los contratiempos. La textura de la experiencia cambia y te dices: «¡Ahora sí que soy feliz!». Poco después, sin embargo, esa certeza acaba desvaneciéndose como la niebla, dejándote con un vago recuerdo y la difusa conciencia de que algo está mal.

Sientes que, en esta vida, existe una profundidad y una sensibilidad de la que, de algún modo, estás separado y que, en consecuencia, se te escapa. Te sientes aislado de la dulzura de la experiencia por una suerte de amortiguador sensorial. Y, cuando te das cuenta de que no estás en contacto con la vida, caes de nuevo en tu vieja realidad. Entonces el mundo asume el mismo aspecto absurdo de siempre. Es como si estuvieras en una especie de montaña rusa emocional y pasaras la mayor parte del tiempo en el fondo, anhelando regresar a las alturas.

Pero... ¿qué es lo que funciona mal? ¿Eres tú acaso el problema? ¡No! Tú no eres más que un ser humano afectado por la misma enfermedad que aqueja a toda nuestra especie. Hay, en nuestro interior, un monstruo que posee numerosos tentáculos: tensión crónica, falta de compasión por los demás (incluidas las personas más próximas), represión de los sentimientos y embotamiento emocional. Esta es una enfermedad que padece todo ser humano. Podemos negarla, reprimirla e incluso erigir, para ocultarla, toda una cultura, pretendiendo que no está ahí. Por más, si embargo, que nos distraigamos, esbocemos proyectos, establezcamos objetivos y nos preocupemos por el estatus, lo cierto es que nunca desaparece. Debajo de cada pensamiento y de cada percepción se oculta una vocecilla que, desde el fondo de nuestra conciencia, no deja susurrarnos: «No basta con eso. Necesitas más. Tienes que hacerlo mejor. Tienes que ser mejor». Se trata de un monstruo que, bajo disfraces muy diversos, se manifiesta por doquier.

Estamos en una fiesta y escuchamos, bajo las risas superficiales, el eco del miedo. La tensión se palpa en el ambiente. Nadie está realmente relajado, sino que solo pretende estarlo. Basta con ir a un partido de fútbol para asistir a los estallidos irracionales de agresividad descontrolada que, de vez en cuando, sacuden a los aficionados, bajo el disfraz del entusiasmo y la lealtad al equipo. Escuchamos los gritos y los silbidos, y asistimos a las borracheras, las peleas y todo tipo de explosiones de egoísmo desbocado de personas que, como no están en paz consigo mismas, se empeñan desesperadamente en liberarse de la tensión interior. Y la televisión y las canciones de moda no dejan de machacarnos con diferentes versiones de los mismos temas: celos, sufrimiento, descontento y tensión.

La vida parece una lucha continua –y, a veces, costosa– contra alternativas muy diversas. ¿Y cuál es el remedio a toda esa insatisfacción? A menudo nos quedamos atrapados en el síndrome del "si pudiera...". Si pudiera tener más dinero, sería feliz. Si pudiera encontrar a alguien que me quisiera de verdad, si pudiera perder 10 kilos, si pudiera tener un televisor en color, un *jacuzzi*, el pelo rizado, etcétera, sería feliz.

Pero ¿de dónde viene todo esto? Y, lo que todavía es más importante, ¿qué podemos hacer al respecto? Todo tiene su origen en la condición de nuestra propia mente. Y esa condición es un conjunto profundo, sutil y penetrante de hábitos mentales, un nudo gordiano que hemos ido atando poco a poco y que solo podremos desatar del mismo modo, nudo a nudo. Podemos afinar nuestra conciencia y desmontarla, pieza a pieza, para sacar a la luz y cobrar conciencia, de ese modo, de lo que es inconsciente.

La esencia de nuestra experiencia es el cambio. El cambio es incesante. Instante tras instante, la vida discurre sin repetirse. El cambio es la esencia de nuestro universo perceptual. Aflora un pensamiento en tu cabeza y, medio segundo después, desaparece y se ve reemplazado por otro que, al cabo de unos instantes, acaba también desvaneciéndose. Luego llega otro y después otro. Un sonido impacta en tus oídos e instantes después se ve reemplazado por el silencio. Abres los ojos y el mundo se derrama en tu interior; luego los cierras, y desaparece. Las personas llegan a tu vida y después se van. Los amigos aparecen y desaparecen y los parientes mueren. La fortuna arriba y, del mismo modo, se va. A veces ganas y, con la misma frecuencia, pierdes. Cambio, cambio y más cambio. El cambio es incesante y no existen dos momentos que sean iguales.

Y no hay, en ello, nada malo, porque esa es la naturaleza del universo. Pero la cultura humana nos ha enseñado a responder a ese flujo incesante. Nos ha enseñado, por ejemplo, a categorizar las experiencias, a tratar de colocar cada percepción, cada uno de los momentos del incesante flujo de nuestra mente, en uno de tres casilleros mentales diferentes, a los que denominamos "bueno", "malo" o "neutro". Luego, según el epígrafe bajo el que hayamos clasificado nuestra percepción, reaccionamos de un determinado modo. Si la hemos etiquetado como "buena", intentamos congelarla en el tiempo. Nos aferramos a ese pensamiento concreto, lo mimamos, lo acunamos y tratamos de que no se escape. Y, cuando eso no funciona, nos empeñamos en repetir la experiencia que provocó el pensamiento, un hábito mental conocido como "identificación".

En el otro polo se halla la categoría mental "malo". Cuando percibimos algo como "malo" tratamos de alejarlo, de negarlo, de rechazarlo y, en la medida de lo posible, de desembarazarnos de ello. De ese modo, luchamos contra nuestra propia experiencia y huimos de ciertos aspectos de nosotros mismos, un hábito mental que recibe el nombre de "rechazo".

Entre ambos extremos se sitúa la categoría de lo "neutro", en la que colocamos aquellas experiencias que, por no ser buenas ni malas, se nos antojan tibias, aburridas o poco interesantes. Todas estas experiencias las ubicamos bajo el epígrafe "neutral", para poder ignorarlas y dirigir de nuevo nuestra atención hacia el lugar en el que discurre la acción, es decir, hacia el interminable círculo vicioso del deseo y la aversión. Así es como acabamos despojando a las experiencias –que, en un hábito mental conocido como "ignorancia" ubicamos en esta categoría– de la cuota de atención que les corresponde. El resultado directo de esta locura es una carrera interminable hacia ninguna parte, una búsqueda incesante de placer, una huida permanente del dolor y una ignorancia que acaba desinteresándose del 90% de nuestra experiencia. Y luego nos preguntamos por qué la vida nos parece tan chata cuando lo que no funciona es, en última instancia, este sistema.

Hay momentos en que, independientemente de lo mucho que persigamos el placer y el éxito, nuestra búsqueda fracasa. Y también hay momentos en que, por más que nos empeñemos en escapar del dolor, este acaba alcanzándonos. Y, entre ambos extremos, la vida nos resulta tan aburrida que podríamos gritar. Nuestra mente está abarrotada de opiniones y críticas. Hemos erigido, a nuestro alrededor, barreras artificiales y acabamos atrapados en la prisión de nuestros deseos y de nuestras aversiones... o, dicho en otras palabras, sufrimos.

El término "sufrimiento" es muy importante en el pensamiento budista. Se trata de un aspecto clave de la existencia que debe ser, en consecuencia, muy bien entendido. La palabra pali para designarlo es *dukkha*, y su significado no se limita al dolor corporal, sino que incluye también la profunda y sutil sensación de insatisfacción que forma parte de cada momento mental. La afirmación de que la esencia de la vida, según el Buddha, es sufrimiento, parece, a primera vista, morbosa, pesimista y hasta falsa. ¿No hay acaso muchas ocasiones, después de todo, en que somos felices? ¡No, no las hay, solo parece haberlas! Si observas con atención algún momento en que te sientas satisfecho descubrirás, bajo la alegría, una tensión sutil y omnipresente recordándote que, por más grande que sea, acabará desvaneciéndose. Es inevitable que, independientemente de lo mucho que hayas conseguido, acabes perdiendo algo, que pases el resto de tu vida empeñado en conservar lo que habías logrado o tratando de obtener más todavía. ¿Y no es verdad que, cuando mueras, perderás todas tus posesiones? ¿No es acaso todo, en última instancia, transitorio. Parece desalentador, ¿no es cierto? Pero, afortunadamente, no lo es. En modo alguno. Solo parece serlo cuando lo contemplamos desde la perspectiva de la mente ordinaria. Por debajo de ese nivel, no obstante, yace otra visión, una forma completamente diferente de ver el universo. Se trata de un nivel en el que la mente no se empeña en congelar el tiempo, no se aferra a la experiencia mientras discurre, ni trata de bloquear o ignorar tales o cuales cosas. Ese es un nivel de experiencia que se encuentra más allá del bien y del mal, más allá del placer y del dolor. Es una forma amorosa de percibir el mundo, una habilidad que puede ser aprendida. No es fácil, pero puede ser aprendida.

La paz y la felicidad son las cuestiones fundamentales de la existencia humana, algo que todos, en realidad, estamos buscando. A menudo resulta difícil verlo, porque ocultamos esos objetivos fundamentales bajo capas y más capas de objetivos superficiales. Queremos comida, dinero, sexo, diversión y respeto. Llegamos incluso a decirnos que la idea de "felicidad" es demasiado abstracta. «Mira, yo soy una persona práctica. Si tuviese el suficiente dinero, compraría toda la felicidad que necesito.» Desafortunadamente, sin embargo, eso es falso. Si examinas cada uno de esos objetivos, acabas descubriendo que son superficiales.

–¿Y por qué dices que quieres comida?

–¡Porque tengo hambre!

–¿Y qué pasa entonces con el hambre?

–Que, si como, no tendré hambre y me sentiré bien.

–¡Vaya! Así que lo que, en última instancia, te importa es "sentirte bien".

Lo que realmente buscas no son los objetivos superficiales. Esos no son más que medios para alcanzar un fin. Lo que realmente buscas es la sensación de liberación que experimentas al satisfacer ese impulso. Lo que realmente buscas es la liberación y la relajación que experimentas cuando la tensión se desvanece. Lo que realmente buscas es la paz, la felicidad y la desaparición del deseo.

¿Qué es, pues, la felicidad? Para la mayoría de nosotros, la idea de felicidad perfecta consistiría en tener todo lo que queremos y controlarlo todo, jugar a ser César y conseguir que el mundo entero se plegase a nuestros antojos. Pero las cosas, una vez más, no funcionan así. Nadie diría que los personajes históricos que han ejercido ese tipo de poder fuesen personas especialmente felices. No estaban en paz consigo mismas. ¿Por qué? Porque se sentían impulsados a controlarlo todo y no pudieron hacerlo. Y es que, por más que nos empeñemos en controlar a todo el mundo, siempre habrá alguien que se niegue a ser controlado. Esas personas poderosas jamás pudieron controlar el movimiento de las estrellas y todas ellas, en última instancia, enfermaron y murieron.

Nadie puede obtener todo lo que quiere. Resulta imposible. Afortunadamente, sin embargo, existe otra alternativa. Siempre puedes aprender a controlar tu mente y romper las cadenas que te atan al incesante círculo del deseo y el rechazo. Siempre puedes aprender a no querer lo que quieres, a reconocer el deseo sin verte, no obstante, atrapado en él. Y en modo alguno estamos diciendo, con ello, que debas tumbarte en el suelo y dejar que todos te pasen por encima. Lo único que queremos decir es que puedes seguir llevando una vida aparentemente normal, pero desde una perspectiva muy diferente. Es posible hacer las cosas que tienes que hacer, pero libre de la compulsión obsesiva de tus deseos. Quieres algo, pero no es preciso que, para alcanzarlo, pierdas el aliento corriendo. Tienes miedo, pero no por ello, debes temblar como un flan. Ese es un estado mental muy difícil de alcanzar y cuyo dominio requiere años. Pero, dado que empeñarte en controlarlo todo resulta imposible, siempre es preferible lo difícil a lo imposible.

Pero, espera un momento, ¿no es, precisamente, paz y felicidad lo que la civilización trata de proporcionarnos? Construimos edificios y autopistas. Tenemos vacaciones pagadas, televisores, seguridad social y sociedad del bienestar. Pero, por más que todo ello esté orientado hacia el logro de cierta paz y felicidad, las tasas de enfermedad mental y delincuencia no dejan de crecer. Las calles están llenas de individuos inestables y agresivos. ¡Basta con que saques el brazo, fuera de la seguridad de tu hogar, para tropezar con alguien dispuesto a robarte el reloj! Hay algo que no funciona bien. La persona feliz no roba. La persona que está en paz consigo misma no siente el impulso de matar. No es cierto, por tanto, por más veces que nos los repitamos, que la sociedad esté aplicando el conocimiento al logro de la paz y la felicidad.

Apenas estamos empezando a darnos cuenta de la desproporción que existe entre el desarrollo de las dimensiones materiales de la existencia y el desarrollo de las dimensiones emocionales y espirituales más profundas, un error por el que debemos pagar un precio muy elevado. Una cosa es hablar de la degeneración moral y espiritual del Occidente actual, y otra muy distinta hacer algo al respecto. Y el lugar en el que, en este sentido, tenemos que empezar a trabajar es dentro de cada uno de nosotros. Si echamos un vistazo sincero y cuidadoso a nuestro interior, reconoceremos que hay momentos en que los delincuentes y los locos somos nosotros. Y, si aprendemos a contemplar de un modo atento y ecuánime esos momentos, emprenderemos el camino para dejar de ser así.

Nadie puede cambiar radicalmente la pauta de su vida mientras no se vea tal cual es. A partir de ese momento, los cambios ocurrirán naturalmente. Y no es necesario, para ello, forzar nada, luchar con nadie, ni obedecer las reglas dictadas por ninguna autoridad. Entonces cambiamos automáticamente, eso es todo. Pero llegar a esa comprensión inicial requiere todo un esfuerzo, y para ello tienes que ver quién eres y cómo eres sin engaño, prejuicio ni resistencia alguna. Tienes que ver cuáles son tus deberes y obligaciones con tus semejantes y, por encima de todo, cuál es la responsabilidad que tienes contigo mismo como individuo que vive en sociedad. Y, por último, debes ver claramente todo eso como una unidad, una totalidad interrelacionada e irreductible. Parece complicado, pero puede ocurrir en cualquier instante. El cultivo mental desarrollado por la meditación no tiene parangón a la hora de ayudarte a alcanzar ese estado de comprensión y de serena felicidad.

El *Dhammapada*, un antiguo texto budista que se anticipó a Freud en más de un milenio, dice: «Lo que ahora eres es el resultado de lo que fuiste. Y mañana serás el resultado de lo que hoy eres. Las consecuencias de una mente malvada te seguirán como el carro sigue al buey que tira de él. Las consecuencias de una mente pura te acompañarán como si de tu sombra se tratara. Nadie, ni tus padres ni tus parientes ni tus amigos, pueden hacer por ti más que tu mente pura. Una mente disciplinada proporciona la felicidad».

El objeto de la meditación es el de purificar la mente. La meditación limpia el proceso del pensamiento de lo que podríamos denominar irritantes psíquicos –cosas como la codicia, el odio y los celos– que nos mantienen en un estado de esclavitud emocional. La meditación aporta a la mente un estado de tranquilidad, conciencia, concentración e introspección.

Nuestra sociedad cree en la importancia de la educación y que el conocimiento perfecciona al ser humano. Pero la verdad es que la civilización solo nos perfecciona superficialmente. Basta con someter a una persona educada a las tensiones de la guerra o el colapso económico para advertir que las cosas, en realidad, son muy diferentes. Una cosa es obedecer la ley porque sabemos cuál es el castigo que conlleva su trasgresión, y otra muy diferente obedecerla porque hemos trascendido la codicia que nos lleva a robar y el odio que nos impulsa a matar. Si lanzas una piedra a un estanque, verás que los cambios no afectan tanto a la profundidad como a la superficie del agua. Pero, si colocas la misma piedra en el interior de un horno, verás cómo toda ella se funde, tanto dentro como fuera. La civilización, en este sentido, es como la piedra lanzada al estanque que cambia superficialmente a la persona, mientras que la meditación, por el contrario, la ablanda total y completamente desde el interior.

La meditación se denomina, en ocasiones, el *gran maestro*, porque es el crisol de una purificación que opera, de modo lento pero seguro, a través de la comprensión. Cuanto mayor es la comprensión, mayor la flexibilidad, la tolerancia y la compasión. Entonces te conviertes en el padre perfecto o en el maestro ideal que siempre está dispuesto a olvidar y perdonar. Sientes amor por los demás porque los entiendes, y los entiendes porque, mirando profundamente en tu interior y descubriendo tus fracasos y los mil modos en que te engañas, has aprendido a entenderte a ti mismo. Es el descubrimiento de tu propia humanidad el que te enseña a amar y perdonar. Por eso, cuando aprendes a ser compasivo contigo mismo, también lo eres automáticamente con los demás. El meditador avanzado logra una comprensión profunda de la vida que, inevitablemente, le lleva a tratar a todo el mundo con un amor profundo y despojado de crítica.

La meditación se asemeja al cultivo de una tierra virgen. Lo primero que tienes que hacer, para convertir un bosque en un huerto, es cortar los árboles y arrancar los tocones. Luego tienes que labrar la tierra, fertilizar el suelo, sembrar y recoger finalmente la cosecha. Para cultivar, del mismo modo, tu mente debes empezar arrancando los diferentes agentes irritantes que obstaculizan tu camino, para que no vuelvan a crecer. Después deberás fertilizar adecuadamente tu mente, suministrándole la energía y disciplina necesarias. Luego deberás sembrar las semillas y cosechar finalmente los frutos de la fe, la moralidad, la atención y sabiduría.

La fe y la moralidad tienen, en este contexto, un significado muy especial. El budismo no aboga por una fe entendida como creencia en algo escrito en un libro atribuido a un profeta o transmitido por una figura de autoridad. La fe de la que habla el budismo se asemeja mucho más a la confianza. Consiste en saber que algo es cierto porque lo hemos visto funcionar en nosotros. La moralidad, del mismo modo, no consiste en la obediencia a un ritual o a un código de conducta impuesto por alguna autoridad externa. Se trata, por el contrario, de una pauta de hábitos sanos que elegimos, de manera consciente y voluntaria, porque los reconocemos superiores a nuestra conducta habitual.

El objetivo de la meditación consiste en la transformación personal. El "yo" que inicia la experiencia meditativa no es el mismo "yo" que la concluye. La meditación modifica el carácter a través de un proceso de sensibilización que nos hace más profundamente conscientes de nuestros pensamientos, palabras y actos. La meditación reseca el antagonismo y disipa la arrogancia. Entonces tu mente se torna más serena y tranquila y tu vida se asienta. Por eso la meditación, bien realizada, te prepara para enfrentarte a los altibajos de la existencia. Reduce tus tensiones, tus miedos y tus preocupaciones. Y, cuando la inquietud se retira y la pasión se atempera, las cosas empiezan a ocupar el lugar que les corresponde y la vida deja de ser una lucha para empezar a convertirse en una danza. Y todo ello se debe a la comprensión.

La meditación agudiza la concentración y el poder del pensamiento. Gradualmente van poniéndose entonces de relieve tus motivos y mecanismos subconscientes. Tu intuición se agudiza. La precisión de tu pensamiento crece y acabas logrando, más allá de todo prejuicio y engaño, el conocimiento directo de las cosas tal cual son.

¿No son, todas estas, razones suficientes para empezar a meditar? Difícilmente. No son más que promesas escritas en un papel. Solo hay un modo de saber si la meditación merece realmente la pena, aprenderla y llevarla a la práctica. Compruébalo por ti mismo.

2. ¿Qué no es la meditación?

Es muy probable que, antes de leer este libro, hayas escuchado hablar ya de la meditación porque, en caso contrario, difícilmente lo hubieras elegido. El proceso del pensamiento opera asociativamente y son muchas las ideas, algunas de ellas muy exactas y otras mera bazofia, asociadas a la palabra "meditación". Las hay que pertenecen a otros sistemas de meditación y no tienen que ver con la práctica del vipassana. Convendrá, pues, antes de seguir adelante, limpiar nuestros circuitos neuronales de algunas de estas ideas para que la nueva información pueda circular sin impedimentos. Comencemos por lo más sencillo.

No vamos a enseñarte a contemplar tu ombligo ni a cantar sílabas secretas. No vas a tener que enfrentarte a demonios ni dominar energías invisibles. Tampoco tendrás que raparte la cabeza, llevar turbante ni emplear cinturones de colores. Ni siquiera tendrás que renunciar a todas tus posesiones e irte a vivir a un monasterio. A menos que tu vida sea inmoral y caótica, ya podrías emprender, de hecho, la práctica con cierto éxito. ¿No te parece alentador?

Son muchos los libros que existen sobre meditación. La mayoría han sido escritos desde el punto de vista de una determinada tradición religiosa o filosófica que sus autores, en numerosas ocasiones, ni siquiera se preocupan en señalar. Algunos de ellos realizan afirmaciones sobre la meditación que, pese a parecer leyes generales, no son más que protocolos concretos de un determinado sistema. Peor todavía es la amplia diversidad de teorías e interpretaciones disponibles, a menudo contradictorias. El resultado de todo ello es un auténtico lío, una maraña de opiniones contrapuestas que suele ir acompañada de una masa de información extraña. Pero este es un libro muy concreto. Trata exclusivamente de la meditación vipassana. Te enseña a observar el funcionamiento de la mente desde una perspectiva serena y objetiva que te ayuda a profundizar en tu propia conducta. Su objetivo es agudizar tu conciencia hasta que sea lo suficientemente intensa, concentrada y afinada como para penetrar en el funcionamiento interno de la realidad.

Son muchos los malentendidos existentes sobre la meditación. Revisemos y desmintamos ahora, una tras otra, las ideas equivocadas que pueden obstaculizar, desde el comienzo, el avance.

Error 1: la meditación no es más que una técnica de relajación

El equívoco gira aquí en torno a la expresión "no es más que". Y es que, aunque la relajación sea una meta clave de la meditación, el vipassana apunta hacia un objetivo bastante más elevado. Y esta es una afirmación que no solo es válida para el vipassana, sino que resulta aplicable a muchos otros sistemas de meditación. Todas las modalidades de meditación subrayan la importancia de la concentración de la mente, posándola sobre un objeto o ítem de pensamiento. Si lo haces de un modo intenso y completo, lograrás un estado de relajación y beatitud profunda llamado *jhana*. Se trata de un estado de tranquilidad tan elevado que desemboca en el éxtasis, una forma de gozo que está por encima y más allá de todo lo que, desde nuestro estado ordinario de conciencia, podemos experimentar. Ese es el destino final de la mayoría de los sistemas meditativos, cuyo objetivo es *jhana*. Por eso, cuando lo alcanzas, repites sencillamente la experiencia durante el resto de tu vida. Pero no es a eso a lo que aspira la meditación vipassana. El objetivo del vipassana es la conciencia, algo muy diferente. La concentración y la relajación son correlatos necesarios de la conciencia. Pero, por más que sean precursores necesarios, herramientas útiles y subproductos beneficiosos, no constituyen su objetivo. El objetivo del vipassana es la visión profunda. La meditación vipassana es una profunda práctica religiosa que aspira a la purificación y transformación de la vida cotidiana. En el capítulo 14 veremos con más detenimiento las diferencias que existen entre la concentración y la visión profunda.

Error 2: la meditación es una forma de trance

De nuevo tenemos que decir aquí que, por más que esta afirmación resulte aplicable a ciertos sistemas de meditación, nada tiene que ver con el vipassana. La meditación de la visión profunda no es una forma de hipnosis. No pretende dejar la mente en blanco hasta alcanzar la inconsciencia, ni convertirte en un vegetal despojado de emociones. Se trata, más bien, de todo lo contrario, de conectar más profundamente con tus cambios emocionales. De este modo, aprenderás a conocerte a ti mismo con mayor claridad y precisión y advertirás, durante el proceso, ciertos estados que, si bien al observador pueden parecerle trances, son, en realidad, lo contrario. Durante el trance hipnótico, el sujeto puede ser controlado por otra persona mientras que, en el estado de concentración profunda, el control es suyo. Por más similar, pues, que aparentemente sea, el objetivo del vipassana es muy diferente. Como ya hemos visto, la concentración profunda de *jhana* no es más que una herramienta, un hito en el camino que conduce hacia una conciencia más elevada. Por eso, si durante la meditación descubres que te quedas inconsciente, deberás preguntarte si realmente estás meditando.

Error 3: la meditación es una práctica misteriosa que no puede ser entendida

De nuevo estamos aquí ante una idea parcialmente cierta. La meditación tiene que ver con niveles de conciencia mucho más profundos que el pensamiento conceptual. Y es que, aunque algunas experiencias meditativas no puedan ser descritas con palabras, ello no significa que no puedan ser entendidas. Hay formas de comprensión más profundas que las proporcionadas por las palabras. Entendemos cómo caminamos, aunque probablemente no podamos describir la secuencia exacta de activación y contracción, durante ese proceso, de nuestras fibras nerviosas y musculares. También la meditación debe ser entendida llevándola a cabo. No es algo de lo que podamos hablar o comprender en abstracto, sino algo que debe ser experimentado. Tampoco es una fórmula que automáticamente nos proporcione resultados predecibles, porque resulta imposible predecir exactamente lo que sucederá durante una determinada sesión. Cada sesión meditativa es una investigación, un experimento y una aventura. Lo cierto, de hecho, es lo contrario porque cada vez que, durante la práctica, descubres una sensación de semejanza y predictibilidad, puedes estar seguro de que, en algún momento, te has desviado y te has metido en un callejón sin salida. Aprender a contemplar cada instante como si fuera el primero y único del universo es esencial para la práctica de la meditación vipassana.

Error 4: el objetivo de la meditación es el de promover las experiencias paranormales

No. El objetivo de la meditación es el de desarrollar la conciencia. La meditación no aspira a desarrollar la telepatía ni la levitación. Su objetivo es la liberación. Es cierto que existe un vínculo entre los fenómenos paranormales y la meditación, pero se trata de una relación más bien compleja. Durante los primeros estadios de la práctica meditativa, esos fenómenos pueden, en ocasiones, presentarse. Hay personas que experimentan comprensiones intuitivas o recuerdos de vidas anteriores, pero otras no. En cualquiera de los casos se trata, sin embargo, de fenómenos que no deben ser considerados capacidades psíquicas fiables y bien desarrolladas, razón por la cual no hay que concederles demasiada importancia. Y, como se trata, por otra parte, de fenómenos muy atractivos, pueden resultar muy peligrosos para los principiantes. No es difícil que acaben convirtiéndose en un señuelo para el ego que te aleje de tu camino. Lo mejor que puedes hacer, por tanto, es no prestarles mucha atención. Si aparecen está bien y, si no aparecen, también. Hay un momento, en el proceso de cualquier meditador, en el que practica determinados ejercicios espirituales que desarrollan las capacidades paranormales. Pero esto es algo que sucede mucho más adelante. Solo después de haber alcanzado un estado muy profundo de *jhana* se halla uno en condiciones de enfrentarse a esos poderes sin el peligro de verse desbordado por ellos y perder el control. El meditador los desarrollará con el estricto objetivo de servir a los demás. Pero esta es una situación que, en la mayoría de los casos, solo se presenta después de décadas de práctica. No te preocupes por ello y concéntrate sencillamente en desarrollar una conciencia cada vez mayor. Y si, a lo largo del proceso, oyes voces o tienes visiones, toma buena nota de ellas y déjalas a un lado, sin prestarles más atención.

Error 5: la meditación es peligrosa y las personas prudentes deberían evitarla

Todo es peligroso. Un autobús puede atropellarte al cruzar la calzada y también puedes resbalar en la ducha y romperte el cuello. Probablemente, si meditas, debas enfrentarte a algunas cuestiones desagradables de tu pasado. Las cuestiones reprimidas pueden llevar enterradas tanto tiempo que su emergencia produzca miedo. Pero el proceso meditativo también puede resultar muy provechoso. Aunque no exista actividad despojada de riesgo, ello no implica que debamos encerrarnos dentro de un capullo protector. Eso no sería vivir, sino una forma prematura de muerte. El modo más adecuado de enfrentarte al peligro consiste en saber lo peligroso que es, dónde es más probable encontrarlo y de qué modo debemos, si aparece, enfrentarnos a él. Ese es, precisamente, el objetivo de este manual. El vipassana tiene que ver con el desarrollo de la conciencia lo que, en sí mismo, no es peligroso, sino precisamente todo lo contrario, porque aumentar la conciencia es la mejor salvaguardia contra el peligro. Adecuadamente realizada, la meditación es un proceso muy suave y gradual. Por ello, su práctica lenta y pausada moviliza naturalmente el desarrollo. No tienes que forzar absolutamente nada. Cuando, en un estadio posterior del desarrollo, te halles bajo la supervisión y sabia protección de un maestro competente, podrás acelerar tu avance asistiendo a retiros intensivos de meditación. Al comienzo, sin embargo, hay que tomarse las cosas con calma. Trabaja pausadamente y todo irá bien.

Error 6: la meditación no es para personas normales y corrientes, sino para santos y *sadhus*

Esta es la actitud imperante en Oriente, donde monjes y ascetas reciben una admiración parecida a la que Occidente otorga a las estrellas de cine y a los deportistas de élite. Esas personas se idealizan y se convierten en estereotipos y se revisten de rasgos que muy pocos seres humanos pueden llegar a poseer. Occidente también contempla la meditación con una actitud semejante. Pero, por más que consideremos al meditador como una persona piadosa en cuya boca ni la mantequilla se atreve a derretirse, esa ilusión se disipa al menor contacto personal. Los meditadores suelen ser personas con mucha energía y entusiasmo, personas que viven su vida con una gran vitalidad.

Es cierto que la mayoría de los ascetas meditan, pero no es que mediten porque son santos, sino que, muy al contrario, son santos porque meditan. Es la meditación lo que les ha permitido llegar a ser lo que son. Empezaron a meditar antes de ser santos porque, de otro modo –y este es un matiz muy importante–, jamás hubiesen llegado a serlo. Es un error muy habitual creer, como hacen muchos principiantes que, antes de empezar a meditar, la persona debe ser completamente moral. Pero conviene recordar que uno de los requisitos de la moralidad es cierto grado de control mental. Resulta imposible, en ausencia de cierto grado de autocontrol, atenerse a un conjunto de preceptos morales sin un mínimo de autocontrol, y este es muy improbable si tu mente no deja de dar vueltas como un trompo. El primer paso, pues, pasa por el cultivo de la mente.

Tres son los factores integrales de la meditación budista: moralidad, concentración y sabiduría; tres factores que van desarrollándose simultáneamente en la medida en que la práctica se profundiza. Cada uno de ellos influye en los demás, de modo que no se cultivan

aislada, sino simultáneamente. Cuando uno posee la sabiduría necesaria para entender por completo una situación, experimenta una
compasión automática por todos los implicados. Y ello significa que
su conducta es completamente ética, es decir, que se abstiene de forma automática de cualquier pensamiento, palabra o acto dañino para
los demás. Solo creamos problemas cuando no entendemos las cosas, y solo nos equivocamos cuando somos incapaces de predecir las
consecuencias de nuestras acciones. Quien no quiere empezar a meditar hasta no ser completamente moral, está esperando inútilmente.
Los antiguos sabios asimilaban a esa persona a quien no quiere ba-
ñarse en el océano hasta que este se quede quieto.

Conviene, para entender más a fondo esta relación, diferenciar
tres niveles distintos de moralidad. El nivel inferior consiste en asumir un conjunto de reglas y normas establecidas por una autoridad
externa, con independencia de que se trate del Estado, de un profeta,
del jefe de la tribu o del padre.

Lo único que, en este nivel, tienes que hacer consiste en conocer
las reglas y atenerte a ellas, sin importar quién las haya establecido.
Eso es algo que podrían cumplir, si fuesen lo suficientemente sencillas y se les castigara cada vez que las transgredieran, un robot y
hasta un chimpancé amaestrado. No es necesaria, en ese nivel, meditación alguna, lo único que se precisa son reglas claras y alguien
blandiendo un palo con el que amenazar a quienes las incumplan.

El siguiente nivel de moralidad consiste en obedecer las reglas
aun en ausencia de alguien que amenace. Entonces obedeces las reglas porque las has interiorizado y te castigas cada vez que las trans-
gredes. Este es un nivel que requiere cierto grado de control mental.
Pero si tu pauta de pensamiento es caótica, también lo será tu conducta. Por eso el cultivo de la mente reduce el caos.

Existe un tercer nivel de moralidad que podríamos llamar "éti-
co". Este nivel supone, con respecto a los anteriores, un auténtico

salto cuántico, un cambio completo de orientación. En el nivel de la ética, la persona no se atiene a las normas inflexibles establecidas por la autoridad, sino que elige su propio camino dictado por la atención, la sabiduría y la compasión. Este nivel requiere de una gran inteligencia y de la capacidad de tener adecuadamente en cuenta todos los factores concurrentes para responder a cada situación de manera única, creativa y apropiada. Además, el individuo que adopta este tipo de decisiones debe haberse despojado de su propio punto de vista personal y contemplar la situación desde una perspectiva objetiva, otorgando el mismo peso a sus propias necesidades que a las necesidades ajenas. Dicho en otras palabras, debe estar libre de la codicia, el odio, la envidia y el resto de impurezas mentales que nos impiden contemplar las cosas desde la perspectiva de los demás. Solo entonces podremos elegir las acciones concretas más adecuadas a esa situación. Y ese es un nivel moral que, a menos que uno haya nacido santo, necesita de la meditación. No hay otro modo de adquirir esta capacidad. Este nivel requiere un proceso de discriminación exhaustivo. Fracasaríamos si tratásemos de tener en cuenta, con nuestra mente consciente, todos los factores implicados en cada situación, porque nos sobrecargaríamos. El intelecto no puede tener simultáneamente en cuenta tantas variables. Por suerte, existe un nivel de conciencia mucho más profundo que puede llevar a cabo con facilidad este tipo de procesamiento. Esto es algo que, por más extraordinario que pueda parecer, queda dentro del alcance de la meditación.

Supongamos que, un buen día, tienes un problema como, por ejemplo, entender el último divorcio del tío Herman. Parece un problema insoluble, un amasijo de "quizás" que acabarían provocando dolor de cabeza incluso al mismo rey Salomón. Al día siguiente, sin embargo, mientras estás limpiando los platos y pensando en cualquier otra cosa, en tu mente aparece (¡eureka!) la solución. Sencillamente aflora, dices, "¡Ajá!" y todo está resuelto. Este tipo de intuición solo puede presentarse cuando nos desconectamos de los procesos lógicos y le damos a la mente profunda la posibilidad de encontrar una solución. La mente consciente solo estorba, mientras que la meditación nos enseña a desconectarnos de nuestros procesos racionales de pensamiento. La meditación es el arte de dejar de convertirnos en un obstáculo, una habilidad que resulta muy valiosa en la vida cotidiana. No es una práctica irrelevante, exclusivamente destinada a ascetas y ermitaños, sino una habilidad práctica que se centra en los acontecimientos cotidianos y tiene aplicaciones inmediatas en la vida de todos los implicados. La meditación no tiene absolutamente nada de "ultramundano".

Por desgracia, sin embargo, este mismo hecho constituye, para algunos estudiantes, un impedimento. Emprenden la práctica esperando que un coro de voces angelicales les anuncie de inmediato alguna revelación cósmica. Pero lo que la meditación suele proporcionar es una forma más eficaz de tirar la basura y de relacionarte con el tío Herman. Esas personas se desalientan innecesariamente. Lo primero que aparece es la cuestión de la basura. Lo de los coros angelicales requiere más tiempo.

Error 7: la meditación es una forma de escapar de la realidad

Esta es una idea completamente equivocada. La meditación consiste en sumergirte de lleno en la realidad. La meditación no nos aísla del dolor de la vida, sino que nos permite ahondar en todos sus aspectos hasta atravesar la barrera del dolor e ir más allá del sufrimiento. Vipassana es una práctica concebida con la intención concreta de enfrentarte a la realidad, de experimentar plenamente la vida tal cual es y de enfrentarte a todo lo que encuentres. Nos permite reventar todas las burbujas de las ilusiones y liberarnos de las mentiras que nos decimos de continuo. Lo que está ahí está ahí. Tú eres lo que eres, y mentirte sobre tus debilidades y motivaciones no hace más que intensificar tu ceguera. La meditación vipassana no consiste en el intento de olvidarte de ti mismo y ocultar tus problemas, sino en aprender a verte exactamente tal cual eres y aceptarlo plenamente. Solo entonces podrás cambiar.

Error 8: la meditación es un método para alcanzar el éxtasis

Sí y no. Aunque haya veces en que la meditación genera sentimientos extáticos y amorosos, ese no es su objetivo ni tampoco es algo que ocurra siempre. Si meditas, además, con ese objetivo, es menos probable que suceda que si lo haces por el sencillo propósito real de la meditación, que es el de aumentar la conciencia. La beatitud es un resultado de la relajación, y la relajación consiste en la liberación de la tensión. Buscar la beatitud durante la meditación introduce tensión en el proceso, lo que obstaculiza toda la cadena de acontecimientos. Esta es una situación paradójica, porque uno solo puede esperar la beatitud cuando no la busca. El éxtasis no es el objetivo de la meditación, y por más que, en ocasiones, aparezca, debe ser considerado como un subproducto. En cualquiera de los casos, se trata de un efecto colateral placentero cuya frecuencia de aparición aumenta en la medida en que uno medita. No escucharás, de labios de los meditadores avanzados, ninguna queja al respecto.

Error 9: la meditación es una actividad egoísta

O eso es, al menos, lo que parece. Ahí está el meditador, sentado en un cojín, sin hacer nada. ¿Está donando sangre? ¡No! ¿Está ayudando a las víctimas de alguna catástrofe? ¡No! ¿Cuál es, pues, su motivación? ¿Y por qué está haciendo eso? La intención del meditador es la de limpiar su mente del miedo, los prejuicios y la hostilidad, y está activamente comprometido en el proceso de desembarazarse de la tensión, el egoísmo y la insensibilidad que obstaculizan su compasión por los demás. Y, mientras no lo consiga, cualquier buena acción no será más que una extensión de su ego y, en suma, de poca ayuda. Dañar en nombre de la ayuda es uno de los juegos más antiguos del ser humano. El Gran Inquisidor esgrimía, para justificar sus actos, los más elevados motivos, mientras que los juicios de la caza de brujas de Salem se celebraban, presuntamente, en aras del "interés público". Si examinas las vidas personales de los meditadores avanzados, descubrirás que, en muchos casos, están comprometidos con el servicio humanitario. Pero rara vez los descubrirás como cruzados o misioneros prestos a sacrificar a otros en nombre de la propagación de ideas supuestamente piadosas. El hecho es que somos mucho más egoístas de lo que habitualmente imaginamos. El ego tiene la capacidad, si se le deja, de convertir en basura hasta los más elevados ideales. Pero la meditación nos permite cobrar conciencia de nosotros tal cual somos y de despertar a las numerosas y sutiles formas en que actuamos movidos por el egoísmo. Entonces es cuando empezamos a ser genuinamente desinteresados. Despojarse del egoísmo es, en suma, la menos egoísta de todas las actividades.

Error 10: meditar consiste en sentarse a pensar en cosas sublimes

De nuevo esta es una idea equivocada. Aunque ciertamente existen formas de contemplación que apelan a ese tipo de cosas, el vipassana está muy lejos de ello. El vipassana es una práctica de conciencia que nos permite advertir lo que ya está ahí, independientemente de que se trate de la verdad suprema o de una verdad trivial. Lo que está ahí, está ahí. Es obvio que pueden presentarse, durante la práctica, pensamientos elevados. Y aunque en modo alguno hay que evitarlos, tampoco debemos buscarlos; son meros efectos secundarios placenteros. El vipassana es una práctica muy sencilla. Consiste en experimentar directamente los acontecimientos de la vida, sin preferencias ni imágenes mentales añadidas. Vipassana consiste en advertir, sin distorsión alguna, el despliegue de la vida instante tras instante. Lo que surge, surge. Así de simple.

Error 11: todos mis problemas desaparecerán con un par de semanas de meditación

La meditación, lamentablemente, no es una panacea. Es posible que empieces a percibir cambios ahora mismo, pero hasta pasados varios años, no advertirás sus efectos profundos. Así son las cosas. No hay nada que merezca la pena que se logre de la noche a la mañana. La meditación es, en cierto sentido, difícil, porque requiere una larga disciplina y un proceso de práctica que, en ocasiones, resulta muy doloroso. En cada sentada lograrás resultados, pero a menudo son muy sutiles. Se dan en lo más profundo de la mente y se manifiestan mucho más tarde. Y si estás sentado esperando la aparición de cambios radicales inmediatos, no prestarás la suficiente atención a los cambios sutiles. Quizás entonces te desilusiones y renuncies creyendo que tales cambios nunca ocurrirán. La paciencia es la clave. Sé paciente. Si no aprendes nada de la meditación, al menos aprenderás a ser paciente. La paciencia resulta esencial para cualquier cambio profundo.

3. ¿Qué es la meditación?

La meditación es una palabra, y, por más trivial que pueda parecer, como personas diferentes utilizan las palabras en sentidos diferentes, es muy importante distinguir con exactitud lo que una persona concreta quiere decir cuando utiliza una determinada palabra. Casi todas las culturas del planeta han generado algún tipo de práctica mental a la que podríamos calificar como meditación. Todo depende de lo amplio que sea el significado que atribuyamos a ese término. Esas técnicas son tan variadas que no trataremos de enumerarlas. De ello se ocupan ya otros libros. Limitaremos, en este libro, nuestra discusión a las prácticas mejor conocidas por los lectores occidentales y más frecuentemente asociadas al término "meditación".

Dentro de la tradición judeocristiana, por ejemplo, existen dos prácticas, a menudo solapadas, llamadas oración y contemplación. La oración se dirige hacia una entidad espiritual, mientras que la contemplación, por su parte, consiste en pensar de manera consciente, durante un tiempo prolongado, sobre un determinado tema, habitualmente un pasaje de las escrituras o un ideal religioso. Ambas son, desde el punto de vista del cultivo mental, prácticas de concentración porque, en ellas, el torrente habitual de pensamiento queda circunscrito y la mente se encauza hacia una dimensión de operación consciente. Por eso estas prácticas provocan los mismos resultados que las prácticas de concentración, es decir, una calma profunda, un enlentecimiento fisiológico del metabolismo y una sensación de paz y bienestar.

De la tradición hindú viene la meditación yóguica, que también es fundamentalmente concentrativa. Su ejercicio básico tradicional consiste en centrar la mente en un solo objeto (como una piedra, la llama de una vela, una sílaba, etcétera), sin permitir que se desvíe. Una vez adquirida esta habilidad básica, el *yogui* amplía su práctica meditativa a objetos más complejos (como cánticos, imágenes religiosas, canales de energía corporal, etcétera). Independientemente, sin embargo, de cuál sea su objeto, la meditación sigue siendo un ejercicio de concentración.

La tradición budista valora también muy positivamente la concentración, pero le añade un elemento nuevo y muy importante, la conciencia. El objetivo de toda meditación budista consiste en desarrollar la conciencia utilizando la concentración como herramienta dirigida hacia ese objetivo. La tradición budista, sin embargo, es tan amplia que incluye varios caminos orientados hacia ese fin. La meditación Zen, por ejemplo, utiliza dos caminos diferentes. El primero de ellos consiste en zambullirse directamente en la conciencia mediante la fuerza de la voluntad. Uno se sienta, y sencillamente se sienta, lo que significa que se despoja de todo excepto de la pura conciencia de estar sentado (lo que, como advertirá fácilmente cualquiera que lo intente, no es tan sencillo como parece). El segundo enfoque Zen, utilizado por la escuela Rinzai, consiste en sacar la mente del pensamiento consciente y ubicarla en un estado de conciencia pura. Esto se lleva a cabo formulando un acertijo que, a pesar de ser irresoluble, el sujeto debe esforzarse en resolver, lo que acaba abocándole a una situación límite. Y es que, como no puede escapar al dolor generado por la situación, se ve obligado a huir al único lugar que le queda, la experiencia pura del momento. El Zen es muy duro. Es muy eficaz para muchas personas, pero realmente es muy duro.

El procedimiento seguido, en este sentido, por el budismo tántrico es casi opuesto. El pensamiento consciente es, al menos en el sentido en que habitualmente lo utilizamos, una manifestación del ego, es decir, del "yo" que creemos ser. El pensamiento consciente está muy ligado al concepto del yo, que no es más que el conjunto de reacciones e imágenes mentales añadidas al flujo de la conciencia pura. El *tantra* trata de alcanzar la conciencia pura destruyendo esta imagen del ego y lo logra a través del proceso de visualización. Al estudiante se le proporciona una determinada imagen religiosa sobre la que meditar, como, por ejemplo, una de las divinidades del panteón tántrico. Y debe hacerlo despojándose completamente de su identidad y revistiéndose de la nueva hasta acabar transformándose en ella. Y esto, por más tiempo que requiera, funciona. Durante el proceso, el sujeto puede observar el modo en que el ego se construye y ubica en su lugar. Reconociendo, de este modo, la naturaleza arbitraria de todos los egos, incluido el suyo propio, escapa de su esclavitud hasta que llega a un estado en el que puede, según desee, funcionar sin ego o con él (ya sea el suyo o cualquier otro). El resultado de todo ello es la conciencia pura. Pero el *tantra* tampoco es un pastel que guste a todo el mundo.

Vipassana es la más antigua de todas las prácticas meditativas budistas. Se trata de un método que deriva directamente del *Satipatthana Sutta*, un discurso atribuido al mismo Buddha. Vipassana consiste en el cultivo directo y gradual de la atención plena o de la conciencia pura y procede gradualmente a lo largo de los años. En tal caso, la atención del meditador se ocupa de examinar cuidadosamente los diferentes aspectos de su propia existencia y se entrena en la toma de conciencia de su experiencia vital. Vipassana es una técnica muy pausada, pero también muy minuciosa, un sistema antiguo y codificado de adiestramiento mental, un conjunto de ejercicios destinados a cobrar una conciencia, cada vez mayor, de nuestra experiencia vital. Es una escucha atenta, una mirada atenta y una observación atenta que nos enseña a oler y tocar plenamente y a prestar una atención verdadera a los cambios que se producen en todas nuestras experiencias. De ese modo, aprendemos a escuchar nuestros pensamientos sin quedarnos atrapados en ellos.

El objetivo de la práctica del vipassana consiste en aprender a ver las verdades de la impermanencia, la insatisfacción y la ausencia de identidad de los fenómenos. Pensamos que estamos haciendo eso, pero es una ilusión. Prestamos tan poca atención al devenir continuo de la experiencia que lo mismo nos daría estar dormidos. Estamos atrapados en la paradoja de no darnos cuenta de que no nos damos cuenta.

El proceso de la atención plena o mindfulness nos ayuda a cobrar conciencia, más allá de la imagen del ego, de lo que realmente somos. Entonces despertamos a lo que la vida es, más allá del incesante desfile de subidas y bajadas. Los premios y los castigos no son más que una ilusión. Cuando nos tomamos la molestia de observarla atentamente, la vida tiene una textura mucho más profunda.

Vipassana es una forma de entrenamiento mental que te enseña a experimentar el mundo de un modo completamente nuevo. Entonces te das cuenta por vez primera de lo que realmente está sucediendo en ti, a tu alrededor y en tu interior. Es un proceso de autodescubrimiento en el que observas tu experiencia sin dejar de participar en ella. La práctica debe ser acometida con la actitud de dejar a un lado todo lo que has aprendido. Olvida todas las teorías, prejuicios y estereotipos con la intención de entender la naturaleza misma de la vida, saber qué es la experiencia de estar vivo y aprehender la vida y sus cualidades más profundas. Y no te contentes, para ello, con la explicación que te den otras personas. Apréstate, por el contrario, a ver las cosas por ti mismo.

Si es esa la actitud con la que emprendes la meditación, tendrás éxito. Entonces verás las cosas objetivamente, tal cual son, fluyendo y cambiando instante tras instante, y la vida asumirá una riqueza extraordinaria que no puede ser descrita, sino tan solo experimentada.

El término pali utilizado para referirse a la meditación de la visión profunda es *vipassana bhavana*. La palabra *bhavana* procede de la raíz *bhu*, que significa "crecer" o "devenir". *Bhavana*, por tanto, significa "cultivar" y siempre se utiliza refiriéndose a la mente. *Bhavana* quiere decir, pues, "cultivo de la mente". *Vipassana*, por su parte, es una expresión derivada de dos raíces, *passana* (que significa "ver" o "percibir") y *vi* (un prefijo que posee una serie compleja de connotaciones y que puede traducirse, aproximadamente, como "en una forma especial" y también como "'de' o 'a través de' un camino especial"). El significado de la palabra *vipassana* es, entonces, el de ver algo con claridad y precisión, discernir los diferentes componentes de la existencia y penetrar a fondo hasta llegar a percibir la realidad fundamental de lo que estamos viendo. *Vipassana bhavana* se refiere, pues, al cultivo de la mente con el objetivo de ver un modo especial que conduce a la intuición y la comprensión profundas.

La meditación vipassana nos permite cultivar esta forma especial de ver la vida. Así es como, empleando una modalidad especial de percepción llamada *atención plena*, aprendemos a ver la realidad tal cual es. La atención plena es muy diferente al modo en que solemos observar las cosas. Normalmente no vemos lo que se halla ante nosotros, sino que contemplamos la vida a través de un filtro de pensamientos y conceptos que erróneamente tomamos por la realidad. Estamos tan atrapados en la corriente incesante de pensamientos que la realidad fluye sin que nos demos siquiera cuenta de ella. Nos pasamos la vida sumidos en la actividad, atrapados en una eterna búsqueda del placer y la gratificación y en una eterna huida del dolor y lo desagradable. Dilapidamos nuestra energía tratando, en una búsqueda incesante de seguridad y de sentirnos mejor, de enterrar nuestros miedos haciendo como si no existieran. Entretanto, sin embargo, el mundo de la experiencia real pasa por nuestro lado sin que nos demos siquiera cuenta de él. Vipassana nos enseña a ignorar el impulso continuo a estar más cómodos y a zambullirnos en la realidad misma. Lo paradójico es que la verdadera paz solo llega cuando dejamos de buscarla. Otra pescadilla que se muerde la cola.

La verdadera satisfacción solo arriba cuando relajas el deseo compulsivo de comodidad. Cuando dejas de correr en busca de gratificación asoma la verdadera belleza de la vida. Cuando estás dispuesto, más allá del engaño, a conocer la realidad, con todo su dolor y sus peligros, la libertad y la seguridad reales son tuyas. Y esta no es una doctrina que estemos tratando de imponerte, sino una realidad observable que puedes y debes ver por ti mismo.

El budismo tiene 2500 años y, como cualquier sistema de pensamiento de tal antigüedad, ha tenido tiempo de desarrollar muchas capas doctrinales y rituales. Su actitud fundamental, sin embargo, sigue siendo fundamentalmente empírica y antiautoritaria. El Buddha Gautama fue un individuo muy poco ortodoxo, un verdadero antitradicionalista. No presentó sus enseñanzas como un sistema de dogmas, sino como un conjunto de afirmaciones que cada cual debe investigar por sí mismo. Su lema fue siempre: «¡Ven y compruébalo por ti mismo!». Y una de las cosas que dijo a sus seguidores fue: «No pongas cabeza alguna por encima de la tuya», queriendo decir, con ello, que no aceptaran la palabra de nadie y únicamente creyeran aquellas cosas que viesen por sí mismos.

Esta es, precisamente, la actitud que queremos que asuma el lector de este libro. No estamos haciendo afirmaciones que deban ser aceptadas porque seamos una autoridad en el tema. La fe ciega no tiene nada que ver con esto. Estas son realidades que se experimentan. Aprende a adaptar tu modalidad de percepción a las instrucciones que presentamos en este libro hasta llegar a verlas por ti mismo. Este y solo este debe ser el fundamento de tu fe. La meditación de la visión profunda es, en última instancia, una práctica de investigación y descubrimiento personal.

Veamos ahora, dicho esto, un resumen muy breve de algunos de los puntos fundamentales de la filosofía budista. No aspiramos a ser, en este sentido, exhaustivos, porque son muchos los libros que se han ocupado ya de ese tema. Pero, como se trata de un aspecto esencial para la comprensión del vipassana, debemos mencionarlos, aunque solo sea brevemente.

Los seres humanos vivimos, desde la perspectiva budista, de un modo muy peculiar. A pesar de que, a nuestro alrededor, todo esté cambiando de continuo, vivimos como si las cosas fuesen permanentes. El proceso de cambio es constante y eterno. Mientras lees este libro tu cuerpo está envejeciendo, pero no le prestas atención. El libro que sostienes entre las manos está en proceso de descomposición, porque la impresión está borrándose y sus páginas se destruyen lentamente. También las paredes que te rodean están descomponiéndose. Las moléculas que componen esas paredes están vibrando a una velocidad extraordinaria, y todo está modificándose y disolviéndose lentamente. Y tampoco a eso le prestas la adecuada atención. Un buen día, sin embargo, te das cuenta de que tu cuerpo está decrépito y te duelen las articulaciones, de que las hojas de este libro están descoloridas y de que el edificio empieza a venirse abajo. Entonces te lamentas por la juventud y las posesiones perdidas. Pero ¿de dónde viene todo ese dolor? De nuestra falta de atención. Fuimos incapaces de observar directamente la vida. Fracasamos en advertir, mientras sucedía, el continuo flujo del mundo. Erigimos un complejo conjunto de construcciones mentales –"yo", "el libro", "el edificio", etcétera– creyendo que se trataba de entidades sólidas y reales y suponiendo que durarían siempre. Pero lo cierto es que las cosas no son así. Ahora tienes la oportunidad de conectar con el cambio continuo y aprender a percibir la vida como un flujo constante de cosas condicionadas. Realmente, puedes. Solo es cuestión de tiempo y entrenamiento.

Nuestros hábitos perceptuales son, en muchos sentidos, absurdos. Dejamos de lado el 99% de la totalidad de estímulos sensoriales que recibimos y consolidamos el resto en objetos mentales discretos. Y luego reaccionamos mecánica o programadamente a dichos objetos mentales.

Estás sentado en mitad de una noche apacible cuando, a lo lejos, escuchas el ladrido de un perro. En sí mismo no es bueno ni malo que, en la superficie del océano del silencio, aparezcan ondas de vibración sonora. Entonces percibes cómo las complejas y hermosas pautas sonoras se convierten en estímulos eléctricos que centellean en tu sistema nervioso. Pero, por más que se trate de un proceso que debería ser entendido como una experiencia de la impermanencia, la insatisfacción y la ausencia de identidad, los seres humanos tendemos a ignorarlo y acabamos consolidando, en su lugar, esa percepción en un objeto mental. Luego le añadimos una imagen mental y la asociamos a una serie de reacciones emocionales y conceptuales. «Ya está aquí de nuevo el perro. ¡Menudo ruido! Cada noche la misma historia. Alguien tendría que hacer algo. Quizás tendría que llamar a la policía. No, será mejor llamar a la perrera. O, tal vez, convenga enviarle una carta a su dueño. No, demasiado complicado. Mejor me pondré unos tapones en los oídos.» Todos esos son meros hábitos perceptuales. Aprendiste a responder de ese modo copiando, cuando eras niño, los hábitos perceptuales de quienes te rodeaban. Las respuestas perceptuales no son inherentes a la estructura del sistema nervioso. Es cierto que los circuitos están ahí, pero ese no es el único modo posible de utilizar tu maquinaria mental. Lo bueno es que lo que has aprendido puedes también desaprenderlo. Y el primer paso para ello consiste en darte cuenta de lo que haces mientras estás haciéndolo, es decir, consiste en dar un paso atrás y observar en silencio.

Los seres humanos tenemos, según la perspectiva budista, una visión equivocada de la vida, porque tomamos la causa del sufrimiento como si de la felicidad se tratara. La causa del sufrimiento es el síndrome del deseo y la aversión de la que hablábamos anteriormente. Apenas aflora una percepción –que puede ser cualquier cosa, desde una hermosa muchacha hasta un hombre apuesto, una lancha motora, el aroma del pan recién salido del horno o un camión dirigiéndose hacia nosotros a toda velocidad–, lo primero que hacemos es reaccionar al estímulo asociándolo a una sensación.

Consideremos, por ejemplo, el caso de la preocupación. Nos pasamos la vida preocupándonos. Pero la preocupación es un proceso que discurre atravesando una serie de pasos. La ansiedad no es tan solo un estado de la existencia, sino un proceso. Lo que tienes que hacer es contemplar el inicio mismo de este proceso –sus estadios iniciales–, antes de que cobre fuerza. El primer eslabón de la cadena de la preocupación es la reacción de identificación y rechazo. Apenas aflora, en tu mente, un fenómeno, tratas mentalmente de aferrarte a él o de rechazarlo. Eso es lo que pone en marcha la respuesta de preocupación. Afortunadamente, siempre llevamos con nosotros una herramienta –llamada meditación vipassana– a la que podemos apelar para poner fin a ese mecanismo.

La meditación vipassana nos enseña a contemplar con gran precisión nuestros procesos perceptuales. Nos enseña a observar, de un modo sereno e imparcial, la emergencia del pensamiento y de la percepción. Nos enseña a ver nuestras reacciones sin quedarnos atrapados en ellas. Así es como va desvaneciéndose gradualmente la naturaleza obsesiva del pensamiento. Podemos seguir casados y podemos apartarnos de la trayectoria del camión, pero ya no estamos obligados a atravesar una y otra vez el mismo infierno.

Este distanciamiento de la naturaleza obsesiva del pensamiento nos proporciona una nueva visión de la realidad. Se trata de un cambio completo de paradigma, de un cambio total del mecanismo perceptual que va acompañado de la emancipación de las obsesiones. Por todas estas ventajas, el budismo considera su forma de ver las cosas como una visión correcta de la vida, algo que los textos budistas denominan «ver las cosas como realmente son».

La meditación vipassana es un conjunto de prácticas que nos abre gradualmente a una nueva visión de la realidad tal como es. Esta nueva realidad va acompañada de una nueva visión del aspecto más central de la realidad, es decir, el "yo". Una inspección más detenida revela que hemos hecho, con el "yo", lo mismo que con todas las demás percepciones, tomar un vórtice continuo de pensamientos, sentimientos y sensaciones y consolidarlo como un constructo mental. Después le hemos añadido una etiqueta que dice "yo" y, separándolo de todo lo demás, lo hemos tratado como una entidad estática y duradera. Y es así como, ignorando nuestra conexión con todos los aspectos de este proceso de cambio continuo que es el universo, nos lamentamos de lo aislados que estamos. Ignoramos nuestra conexión inherente con todo y decidimos que "yo" tengo que conseguir más cosas para "mí". Luego nos quejamos del egoísmo y la insensibilidad del ser humano. Pero así funcionan las cosas porque, de esta falsa sensación del "yo" como algo diferente y separado de todo lo demás, se derivan todas las malas acciones.

El universo entero cambia cuando se disipa la ilusión de ese concepto. Pero no creas que eso es algo que puedes lograr de la noche a la mañana. Has pasado toda la vida creando ese concepto y reforzándolo, con el paso de los años, con cada pensamiento, cada palabra y cada acción, de modo que no puedes esperar que se evapore en un instante. Con el paso del tiempo y la debida atención, sin embargo, acabará desapareciendo. La meditación vipassana es un proceso que te permite ir diluyendo ese concepto. Poco a poco, y en la medida en que lo observas, acaba disolviéndose.

El concepto del "yo" es un proceso. Es algo que creamos de continuo. El vipassana nos enseña a darnos cuenta de lo que estamos creando y de cuándo y cómo lo creamos. Después, el escenario mental cambia y desaparece como una nube que atraviesa el cielo despejado, y entonces accedemos a un estado en el que, según convenga a la situación, podemos decidir usar o no el yo. Y es que, cuando la compulsividad desaparece, tenemos la posibilidad de elegir.

Todas estas son, obviamente, comprensiones muy importantes. Cada una de ellas nos proporciona una percepción muy profunda sobre algún aspecto fundamental de la existencia. Y, aunque no ocurra rápidamente y sin un considerable esfuerzo, la recompensa es grande, porque desemboca en una transformación completa de nuestra vida. Después de ella, se modifica totalmente cada segundo de nuestra existencia. El meditador que sigue el camino hasta el final logra una salud mental perfecta, un amor puro hacia todo lo que vive y la cesación completa del sufrimiento. No son objetivos nimios. Pero no es necesario, para empezar a disfrutar de sus ventajas, llegar al final del camino. Sus beneficios son inmediatos y van acumulándose con el paso del tiempo. Cuanto más te sientas a meditar, más aprendes sobre la naturaleza real de la existencia. Cuantas más horas pasas meditando, mayor es tu capacidad para observar atentamente cada impulso, cada intención, cada pensamiento y cada emoción tal y como se presenta en tu mente. El progreso de la liberación se mide en horas de sentada sobre el cojín. Y, durante este proceso, puedes detenerte cuando consideres que ya tienes suficiente. No existe regla obligatoria alguna a la que debas atenerte más que tu deseo de contemplar la cualidad verdadera de la vida y de enriquecer tu existencia y la de los demás.

La meditación vipassana es fundamentalmente experiencial, no teórica. Durante la práctica de la meditación te sensibilizas a la experiencia real de la vida, al modo en que realmente se sienten las cosas. No se trata de que te sientes a tener pensamientos sublimes sobre la vida, de lo que se trata es de vivir. Por ello se dice que la meditación vipassana consiste, más que cualquier otra cosa, en aprender a vivir.

4. La actitud

En el último siglo, la ciencia occidental ha hecho el sorprendente descubrimiento de que formamos parte del mundo en que vivimos y de que el proceso de observación modifica las cosas que observamos. El electrón, por ejemplo, es una entidad tan pequeña que solo puede ser vista con un instrumento que acaba determinando lo que ve el observador. Si contemplamos el electrón de una determinada manera, se asemeja a una partícula, una pequeña bola que va rebotando de un lado a otro. Desde otra perspectiva, sin embargo, el electrón se asemeja a una onda que vibra y oscila por todas partes sin que haya, en él, nada sólido. Más que una cosa, el electrón es, desde esta perspectiva, un evento que se ve afectado por la intervención del observador. Y no hay modo alguno de evitar esta interacción.

Este es un principio que la ciencia oriental ha descubierto hace ya mucho tiempo. No en vano la mente es un conjunto de eventos en los que el observador interviene cada vez que mira en su interior. La meditación es una observación participativa y lo que vemos es una respuesta al proceso de nuestra misma observación. Pero lo que, en este caso, vemos es a nosotros mismos, y eso también depende del modo en que lo observamos. Así pues, el proceso de la meditación es extraordinariamente delicado, y su resultado depende fundamentalmente del estado mental del meditador. Las siguientes actitudes son esenciales para el éxito de la práctica. Muchas de ellas han sido ya presentadas, pero las reunimos aquí de nuevo como una serie de consejos que hay que tener en cuenta.

1. *No esperes nada especial.* Siéntate sencillamente a observar lo que sucede. Considéralo todo como si fuese un experimento. Interésate por el experimento, pero no te dejes influir por tus expectativas. No te pongas nervioso por ningún tipo de resultado. Deja que la meditación discurra por su propio camino y a su propio ritmo y permite que sea ella la que te enseñe. La conciencia meditativa trata de ver la realidad exactamente tal cual es. Independientemente de que se corresponda o no con nuestras expectativas, requiere de la suspensión provisional de nuestras ideas y de nuestros prejuicios. Despójate, durante la meditación, de todas tus imágenes, opiniones e interpretaciones porque, de otro modo, acabarán convirtiéndose en un obstáculo.

2. *No fuerces.* No fuerces nada ni hagas tampoco esfuerzos exagerados. La meditación no es agresiva. No hay, en ella, lugar ni necesidad de búsqueda violenta alguna. Que tu empeño sea, en este sentido, perseverante y relajado.

3. *No te apresures.* No hay ninguna prisa, de modo que tómate el tiempo necesario. Siéntate en el cojín como si dispusieras de todo el día. Las cosas realmente valiosas necesitan tiempo para desarrollarse. Paciencia, paciencia y más paciencia.

4. *No te aferres a nada ni rechaces nada.* Acepta todo lo que se presente y, sea lo que sea, adáptate a ello. Está bien si aparecen imágenes mentales positivas y también está bien si aparecen imágenes negativas. Siéntete cómodo con todo lo que aparezca y

contémplalo con la misma ecuanimidad. No luches con tu experiencia, obsérvala sencillamente con plena conciencia.

5. *Suelta.* Aprende a fluir con todos los cambios que se presenten. Aflójate y relájate.

6. *Acepta todo lo que se presente.* Acepta tus sentimientos, aun aquellos que te desagradan. Acepta tus experiencias, incluidas las que más te molesten. No te condenes por tus errores ni por tus fracasos humanos. Aprende a considerar como perfectamente naturales y comprensibles todos los fenómenos mentales. Ejercita la aceptación desinteresada de todo lo que experimentes.

7. *Sé amable contigo.* Se bondadoso contigo mismo. Quizás no seas perfecto, pero eres lo único que tienes para trabajar. El proceso de convertirse en la persona que serás empieza aceptando la persona que ahora mismo eres.

8. *Investígate a ti mismo.* Duda de todo. No des nada por sentado. No creas en lo que escuchas por el simple hecho de que te parezca sabio o piadoso o porque lo haya dicho un hombre santo. Contempla las cosas por ti mismo. Con ello no quiero decir que debas adoptar una actitud cínica, imprudente o irrespetuosa, sino tan solo que tu actitud debe ser empírica. Somete cualquier afirmación a la prueba de tu propia experiencia y deja que los resultados sean tu guía hacia la verdad. La meditación de la visión profunda evoluciona, desde la necesidad interna de despertar a lo que es real, hasta el logro de la visión profunda y liberadora de la verdadera estructura de la existencia. Toda la práctica gira en torno al deseo de despertar a la verdad. Y cualquier práctica, en su ausencia, es superficial.

9. *Contempla todos los problemas como retos.* Considera las cosas negativas que se presenten como una oportunidad para desarrollarte y aprender. No escapes de ellas, no te condenes ni encierres en el silencio beatífico. ¿Aparece un problema? ¡Perfecto! Todo es útil. Alégrate, zambúllete en él e investiga.

10. *No reflexiones.* No tienes que deducir nada. El pensamiento discursivo no te liberará de la trampa. La mente se purifica, durante la meditación, gracias a la atención plena y desnuda, más allá de las palabras. No es necesaria, para eliminar las cosas que te mantienen esclavizado, la deliberación habitual. Lo único que necesitas es la percepción clara y no conceptual de lo que son y del modo en que funcionan. Con eso bastará para disolverlas. Los conceptos y razonamientos no son más que obstáculos en el camino. ¡No pienses! ¡Mira!

11. *No subrayes las diferencias.* Las diferencias entre las personas existen, pero centrarte en ellas es un proceso peligroso que, abordado de manera inadecuada, desemboca directamente en el egoísmo. El pensamiento humano está saturado de codicia, envidia y celos. Cuando un hombre ve a otro por la calle puede pensar de inmediato "tiene mejor aspecto que yo", un pensamiento cuyo resultado es la envidia o la vergüenza; y, del mismo modo, la chica puede pensar, al ver a otra chica, "yo soy más hermosa", un pensamiento cuyo resultado inmediato es el orgullo. La comparación es un hábito mental que conduce directamente a sentimientos de un tipo u otro, como la codicia, la envidia, el orgullo, los celos o el odio. Y, por más torpe que sea, sin embargo, este es un estado mental en el que incurrimos de continuo. Comparamos nuestro aspecto, éxitos, logros, riqueza, posesiones y CI (cociente intelectual) con los de los demás, lo que

desemboca en el estado consiguiente de enajenación, distanciamiento interpersonal y malos sentimientos.

La tarea del meditador consiste en acabar con este inútil hábito examinándolo y reemplazándolo por otro. Así, en lugar de centrarse en las diferencias que le separan de los demás, el meditador se adiestra en reconocer las similitudes que le acercan a ellos. Para ello centra su atención en los factores universales a toda forma de vida, es decir, en las cosas que nos unen. De ese modo, las comparaciones, si las hay, no despiertan sentimientos de enajenación, sino de fraternidad.

La respiración es un proceso universal. Todos los vertebrados respiran esencialmente del mismo modo. Todo ser vivo intercambia, de un modo u otro, gases con su entorno. Esta es una de las razones por las que elegimos la respiración como foco de meditación. Al meditador se le aconseja explorar el proceso de su propia respiración como vehículo para cobrar conciencia de la conexión inherente con el resto de la vida. Pero ello no significa cerrar los ojos a las diferencias interpersonales, porque esas diferencias existen. Solo significa dejar de subrayar las diferencias y centrarnos, en su lugar, en los factores universales que nos unen.

El procedimiento recomendado es el siguiente: en tanto meditadores, cuando percibimos cualquier objeto sensorial, no nos ocupamos de él del modo egoísta habitual, sino que nos centramos, en su lugar, en el mismo proceso de la percepción. Observamos la reacción que provoca en nuestros sentidos y en nuestra percepción. Observamos las sensaciones que emergen y la actividad mental que le sigue. Observamos los cambios que, como resultado, se producen en nuestra conciencia. Cobrando conciencia de todos estos fenómenos, el meditador acaba dándose cuenta de la universalidad de lo que ve. La percepción inicial

puede movilizar sensaciones agradables, desagradables o neutras. Este es un fenómeno universal que ocurre tanto en la mente
de los demás como en la nuestra y que debemos ver muy claramente. Son varias las reacciones que pueden acompañar a esas
sensaciones. Podemos sentir codicia, deseo sexual o celos. Podemos sentir miedo, preocupación, inquietud o aburrimiento.
Esas reacciones son también universales. Debemos sencillamente advertirlas y generalizarlas. Debemos darnos cuenta de
que esas reacciones son respuestas humanas normales y pueden,
en consecuencia, aparecer en cualquiera de nosotros.

La práctica de este tipo de comparación puede parecer inicialmente artificial y forzada, pero no, por ello, es menos natural que lo que habitualmente hacemos. Pero, por más inusual
que sea, esta pauta acaba reemplazando, con la práctica, nuestro hábito normal de comparación egoísta y experimentándose,
a largo plazo, como mucho más natural. Entonces es cuando,
como resultado de todo ello, nos convertimos en personas mucho más comprensivas. Ya no nos molestan tanto los "defectos"
de los demás. Así es como nos acercamos y armonizamos con
toda forma de vida.

5. La práctica

Aunque son muchos los posibles objetos de meditación, nosotros recomendamos encarecidamente iniciar la práctica concentrando la atención en la respiración hasta desarrollar cierto grado de concentración básica. Recuerda que no se trata de practicar una técnica de absorción profunda o de concentración pura. De lo que se trata es de cultivar la atención plena que culmina en la visión profunda y la sabiduría para comprender la realidad tal cual es. De lo que se trata es de conocer con detalle el funcionamiento del complejo cuerpo-mente. De lo que se trata, en suma, es de desembarazarte de toda perturbación psicológica para el logro de una vida tranquila y feliz.

La mente no puede purificarse sin ver las cosas tal y como realmente son. Pero la expresión "ver las cosas tal y como realmente son" es muy ambigua. Muchos meditadores principiantes se preguntan qué es lo que significa porque, en principio, parece que basta, para ver los objetos tal cual son, con tener buena vista.

Cuando utilizamos esta expresión para referirnos a la visión profunda proporcionada por la meditación, sin embargo, no se refiere a ver las cosas superficialmente con nuestros ojos físicos, sino a ver las cosas como son en sí mismas, con sabiduría. Ver con sabiduría significa ver las cosas dentro del marco de referencia del complejo cuerpo-mente sin prejuicios ni sesgos derivados de la codicia, la aversión y la ilusión. Cuando observamos el funcionamiento ordinario del complejo cuerpo-mente, tendemos a ignorar las cosas que nos desagradan y a aferrarnos a aquellas que nos gustan. Y esto es así porque nuestra mente suele estar influida por el deseo, el odio y el engaño. Nuestro ego, nuestra identidad y nuestras opiniones se interponen en el camino y tiñen nuestro juicio.

Cuando observamos atentamente nuestras sensaciones corporales, no debemos confundirlas con las formaciones mentales, porque aquellas pueden presentarse de modo completamente ajeno a la mente. Al cabo de un rato de estar sentados, por ejemplo, puede aparecer una sensación de incomodidad en nuestra espalda o en las piernas. Nuestra mente experimenta de inmediato esa incomodidad y elabora, al respecto, numerosos pensamientos. En ese momento y sin confundir las sensaciones con las formaciones mentales debemos aislar aquellas y observarlas con mucha atención. La sensación es uno de los siete factores mentales universales. Los otros seis son el contacto, la percepción, las formaciones mentales, la concentración, la fuerza vital y la conciencia.

En otras ocasiones, sin embargo, puede presentarse una emoción, como el resentimiento, el miedo o el deseo sexual, en cuyo caso, debemos observarla tal cual es, sin confundirla con ninguna otra cosa. Cuando consolidamos los diferentes agregados de forma, sensación, percepción, formaciones mentales y conciencia en una sola entidad a la que tomamos por una sensación, nos confundimos puesto que la fuente de la sensación permanece oculta. Si permanecemos sencillamente en la sensación, sin diferenciarla del resto de los factores mentales, resulta muy difícil comprender la verdad.

Queremos entender profundamente la experiencia de la impermanencia para superar la infelicidad y la ignorancia. El conocimiento profundo de la infelicidad trasciende el egoísmo que lo genera, y nuestra comprensión de la ausencia de identidad supera la ignorancia que emerge de la noción de identidad. Debemos empezar viendo el cuerpo y la mente como algo separado y advertir luego su interconexión esencial. Cuanto más se agudiza nuestra comprensión, más conscientes nos tornamos del hecho de la cooperación que existe entre todos los agregados mentales y físicos y de que, en ausencia de los demás, ninguno puede existir. Aquí resulta aplicable la famosa metáfora del ciego que tiene un cuerpo sano y del lisiado que tiene buena vista. Ambos, aisladamente considerados, están limitados, pero cuando el lisiado se sube a hombros del ciego, juntos pueden alcanzar fácilmente sus objetivos. Lo mismo sucede con la mente y el cuerpo porque este, por sí solo, es como un leño, incapaz de moverse, un ejemplo claro de impermanencia, decrepitud y muerte. Y la mente tampoco puede, sin el apoyo del cuerpo, hacer nada. Pero cuando observamos el funcionamiento combinado del cuerpo y de la mente nos damos cuenta de las cosas extraordinarias que pueden hacer juntos.

Cuando nos sentamos durante mucho tiempo en un mismo lugar, podemos lograr cierto grado de atención plena. Asistir a un retiro y pasar varios días o meses observando nuestras sensaciones, nuestras percepciones, nuestros pensamientos y los diferentes estados de conciencia, puede calmarnos y tranquilizarnos. Habitualmente, sin embargo, no disponemos, para meditar, de tanto tiempo. Por eso debemos encontrar el modo de aplicar nuestra atención plena a la vida cotidiana para enfrentarnos a las inesperadas eventualidades que nos depare.

Cada día nos enfrentamos a cosas impredecibles. Vivimos en un mundo condicionado y transitorio en el que las cosas ocurren debido a multitud de causas y condiciones. La atención plena es, en ese sentido, una especie de botiquín de urgencia al que, en cualquier momento, podemos recurrir. Si investigamos conscientemente una situación en la que nos sentimos indignados podremos descubrir, en

nuestra mente, verdades amargas sobre nosotros mismos. Entonces nos daremos cuenta, por ejemplo, de que somos egoístas, de que
somos egocéntricos, de que estamos encadenados a nuestro cuerpo,
de que nos aferramos a nuestras opiniones, de que creemos estar en
lo cierto y que el resto del mundo está equivocado, de que tenemos
prejuicios, que nuestra visión del mundo está sesgada y de que, en
el fondo de todo ello, realmente no nos queremos a nosotros mismos. Pero este descubrimiento, por más amargo que inicialmente
parezca, es una experiencia muy valiosa que, a largo plazo, acaba
liberándonos del sufrimiento psicológico y espiritual profundamente arraigado.

La práctica de la atención plena nos obliga a ser completamente
sinceros con nosotros mismos. Cuando observamos nuestro cuerpo
y nuestra mente advertimos ciertas cosas que nos resultan desagradables. Y, como no nos gustan, tratamos de rechazarlas. ¿Cuáles son
esas cosas que nos disgustan? No nos gusta, por ejemplo, separarnos
de los seres queridos, ni vivir con personas que nos desagradan. Y la
lista de cosas que nos gustan y que nos desagradan no solo incluye a
personas, lugares y cosas materiales, sino también opiniones, ideas,
creencias y decisiones. No nos gusta lo que nos sucede naturalmente.
No nos gusta, por ejemplo, envejecer, enfermar, debilitarnos o decir
nuestra edad, porque queremos conservar la buena apariencia. No
nos gusta que alguien subraye nuestras faltas, porque estamos muy
orgullosos de nosotros mismos, ni tampoco nos gusta que alguien
sea más sabio que nosotros, porque nos engañamos a nosotros mismos. Estos son algunos de los muchos ejemplos de nuestra experiencia personal de la codicia, el odio y la ignorancia.

Cuando la codicia, el odio y la ignorancia se ponen de relieve en
nuestra vida cotidiana, utilizamos la atención plena para observar
esos estados mentales y descubrir su raíz. La raíz de cada uno de
ellos se halla dentro de nosotros. Si la raíz del odio no estuviera en

nuestro interior, por ejemplo, nadie podría hacernos enfadar, porque es la raíz de nuestro odio la que reacciona a las acciones o la conducta de otra persona. Si estamos lo suficientemente atentos, utilizaremos con diligencia nuestra sabiduría para ver en lo más profundo de nuestra mente. No nos importaría, si no hubiese odio en nuestro interior, que alguien señalase nuestras faltas o nuestros errores. Muy al contrario, les estaríamos agradecidos por llamar nuestra atención hacia esas deficiencias. Tenemos que ser muy sabios y conscientes para dar las gracias a la persona que pone de relieve nuestras faltas por ayudarnos a seguir el camino ascendente del desarrollo. Todos tenemos puntos ciegos. Los demás son espejos en los que se reflejan nuestras faltas. Deberíamos considerar a la persona que nos muestra nuestras faltas como alguien que nos entrega un tesoro oculto del que éramos inconscientes, porque solo conociendo nuestras deficiencias podremos mejorar. Mejorar es el único camino que nos acerca a la perfección, que es nuestro objetivo en la vida. Si queremos superar nuestros defectos, debemos antes saber cuáles son. Solo de ese modo podremos superar las debilidades y abrir las puertas para el cultivo de las nobles cualidades que se hallan profundamente enterradas en nuestra mente subconsciente.

Lo cierto es que, si estamos enfermos, debemos descubrir la causa de nuestra enfermedad. Solo entonces estaremos en condiciones de aplicar el adecuado remedio. Si pretendemos no estar nunca enfermos, jamás podremos, por más que suframos, recibir el tratamiento adecuado. Si, del mismo modo, nos creemos libres de esas faltas, jamás limpiaremos nuestro camino espiritual. Si estamos ciegos ante nuestras debilidades, necesitaremos que alguien nos las señale. Y debemos estar tan agradecidos a esa persona como el venerable Sariputta, que dijo: «Aunque, quien me señalara mis errores fuese un monje de siete años, lo aceptaría con el mayor de los respetos». Y hay que decir que el venerable Sariputta era un monje que no tenía nin-

gún defecto y cuya atención plena era ejemplar. Su humildad era la
que le permitía mantener esa postura. Nosotros, aunque no seamos
arahants, debemos esforzarnos en emular su ejemplo, porque nuestro objetivo en la vida es el mismo que el suyo.

Es evidente que la persona que señala nuestros defectos puede
no estar completamente libre de ellos. Pero, del mismo modo que
nosotros podemos ver los suyos, él también puede ver los nuestros.
Pero hay que ser muy cuidadoso a la hora de señalar los errores
propios y ajenos. El uso de un lenguaje descuidado o grosero puede dañar tanto al emisor como al receptor del mensaje. Quien habla
desde el resentimiento no puede estar atento y es incapaz de expre-
sarse con claridad. Quien, por su parte, se siente dañado al escuchar
un lenguaje duro puede perder la atención y no escuchar lo que la
otra persona realmente quiere decirle. Si queremos beneficiarnos
del diálogo, debemos hablar y escuchar con suma atención. Solo
entonces nuestra mente estará libre de la codicia, el odio y la ignorancia.

Nuestro objetivo

Todos tenemos, en tanto meditadores, un objetivo porque, si no lo
tuviésemos y siguiéramos mecánicamente las instrucciones de alguien, seríamos como quien camina a tientas en medio de la oscuridad. Es cierto que existe un objetivo consciente y voluntario para
todo lo que hacemos. El objetivo del meditador vipassana no es el de
convertirse rápidamente en una persona iluminada, ni el de tener
más poder y beneficios que los demás. Los meditadores no compiten
entre sí por la atención plena.

Nuestro objetivo es el de alcanzar la perfección de todas las cualidades nobles y sanas que permanecen latentes en nuestra mente

subconsciente. Y son cinco los elementos que componen este objetivo: la purificación de la mente, la superación de la tristeza y de las lamentaciones, la superación del dolor y la aflicción, avanzar por el camino correcto que conduce hasta el logro de la paz eterna, y obtener la felicidad que ese camino proporciona. Demos ahora un paso hacia adelante, sin olvidar este quíntuple objetivo, con la esperanza y la seguridad de alcanzar la meta.

La práctica

No cambies de postura, una vez que te sientes a meditar, hasta que llegue el momento en que habías decidido concluir la sesión. Si cambias de postura porque la original te resulta incómoda, la nueva no tardará en seguir el mismo camino y, al cabo de pocos minutos, te incomodará también. De ese modo, te adentras en un camino que te lleva a cambiar de postura una y otra vez durante toda la sentada, sin alcanzar ningún nivel profundo y significativo de concentración. Haz el esfuerzo, pues, de no cambiar, por más incómoda que te resulte, la postura original. En el capítulo 10 veremos con detenimiento lo que tenemos que hacer con el dolor.

Para evitar cambiar de posición determina, al comienzo de la práctica, el tiempo que permanecerás sentado. Si nunca antes has meditado, no lo alargues más de 20 minutos. Con el paso del tiempo y la práctica podrás ir aumentando el tiempo. La duración de la sentada depende del tiempo de que dispongas y de cuánto puedas permanecer sentado sin sentir dolor.

No debes establecer un tiempo límite para alcanzar tu objetivo, porque el logro depende del progreso de tu práctica, basada en tu comprensión y en el desarrollo de tus facultades espirituales. Debes trabajar de manera diligente y atenta en el logro de tus objetivos sin establecer, no obstante, para alcanzarlos, ningún plazo definido. Ten en cuenta que, cuando estés dispuesto, llegarás a tu objetivo. Lo único que tienes que hacer es prepararte para ese momento. Después de sentarte y quedarte inmóvil, cierra los ojos. Nuestra mente se asemeja a un recipiente lleno de agua sucia. La suciedad se asentará más fácilmente cuanto más tiempo permanezca el recipiente inmóvil, hasta que el agua quede transparente. Si, del mismo modo, permaneces en silencio e inmóvil centrando toda tu atención en el objeto de tu meditación, tu mente se asentará y empezarás a experimentar el gozo de la meditación.

Para preparar ese logro debes mantener tu mente en el momento presente, un presente que cambia tan rápidamente que el observador casual ni siquiera lo advierte. Cada momento está lleno de eventos, y no hay momento que discurra sin ellos. No existe un momento en que no pase nada. El momento, por tanto, al que tratamos de prestar atención es el presente. Nuestra mente atraviesa una secuencia de eventos como la serie de imágenes que pasan por delante de un proyector. Algunas de ellas proceden de nuestra experiencia pasada y otras incluyen imágenes de cosas que pensamos hacer en el futuro.

La mente nunca puede concentrarse en ausencia de objeto mental. Por ello debemos dar a nuestra mente el objeto de meditación que, en cada momento, resulte accesible. Uno de esos objetos es nuestra respiración. La mente no tiene que hacer ningún esfuerzo para encontrarla porque, en todos y cada uno de los momentos, la respiración entra y sale de nuestras fosas nasales. En la medida en que ejercitamos la meditación de la visión profunda, nuestra mente se concentra cada vez más fácilmente en la respiración, porque es más evidente y constante que cualquier otro objeto.

Después de habernos sentado del modo descrito, y de haber compartido con todo el mundo tu amor-amistad, respira profundamente tres veces. Y, después de esas tres respiraciones profundas, respira con normalidad, dejando que la respiración vaya y venga libremente y sin esfuerzo, y concentra tu atención en el borde de las fosas nasales. Advierte sencillamente la sensación de entrada y salida del aire. Entre el final de la inspiración y el momento en que empiezas a espirar, hay una breve pausa. Date cuenta de ella y advierte también el comienzo de la espiración. Y también hay una breve pausa entre el final de la espiración y el momento en que empieza la inspiración. Date también cuenta de ella. Existen, pues, dos breves pausas en tu respiración, al final de la inspiración y al final de la espiración, dos pausas tan breves que habitualmente ni siquiera la percibes. Si estás atento, no obstante, podrás percibirlas.

No verbalices ni conceptualices nada. Advierte simplemente la entrada y la salida del aire sin decir "inspiro" ni "espiro". Ignora, cuando concentras tu atención en la respiración, cualquier pensamiento, recuerdo, sonido, olor, sabor, etcétera, y concentra exclusivamente tu atención en la respiración.

Al comienzo, la inspiración y la espiración son cortas porque tu cuerpo y tu mente todavía no se han tranquilizado ni relajado. Date cuenta, en el momento en que ocurren, de la sensación de inspiración corta y de espiración corta sin decir "inspiración corta" ni "espiración corta". En la medida en que sientas la sensación de inspiración corta y de espiración corta, tu cuerpo y tu mente irán tranquilizándose y tu respiración empezará, en consecuencia, a alargarse. Advierte la sensación de respiración larga sin decir "respiración larga". Date cuenta luego de todo el flujo respiratorio, desde el comienzo hasta el final. Date cuenta del modo en que tu respiración se sutiliza y tu mente y tu cuerpo se tranquilizan más aún. Advierte la sensación de paz y tranquilidad de tu respiración

¿Qué hacer cuando tu mente se distrae?

A pesar del esfuerzo coordinado que supone permanecer atento a la respiración, es muy probable que tu mente se distraiga. Quizás se remonte hacia experiencias pasadas y súbitamente te descubras recordando lugares que has visitado, personas que has conocido, amigos a los que no has visto desde hace mucho tiempo, un libro que leíste tiempo atrás, el sabor de lo que ayer comiste, etcétera. Apenas adviertas que tu mente ya no está en la respiración, vuelve a anclarla en ella. Instantes más tarde, sin embargo, puedes estar de nuevo atrapado pensando en el modo en que pagarás las facturas, la llamada telefónica que tienes que hacer a un amigo, la carta que te queda por escribir, lavar la ropa, ir de compras, acudir a una fiesta, organizar tus vacaciones, etcétera. Apenas adviertas que tu mente se ha alejado del objeto de meditación, vuelve a él atentamente. Veamos ahora algunas sugerencias que pueden ayudarte a alcanzar la concentración necesaria para la práctica de la atención plena.

1. Contar

Contar puede ser, en una situación así, de gran ayuda. El propósito de esta técnica no es más que el de concentrar tu atención en la respiración. Por eso, cuando tu mente se haya concentrado en la respiración, debes dejar de contar. Hay muchas formas de contar, pero todas ellas deben realizarse mentalmente, en absoluto silencio. No debes, mientras cuentas, emitir ningún sonido. Veamos ahora algunas de ellas:

a) Cuenta, mientras inspiras, "uno, uno, uno, uno..." hasta que tus pulmones se llenen de aire. Y cuenta, mientras espiras, "dos, dos, dos, dos..." hasta que tus pulmones se vacíen. Vuelve luego a contar, mientras inspiras "tres, tres, tres, tres, tres..." hasta que tus pulmones estén de nuevo llenos y cuenta, mientras espiras, "cuatro, cuatro, cuatro, cuatro..." hasta que tus pulmones se hayan vaciado. Cuenta hasta diez y repite todas las veces que lo necesites hasta que tu mente permanezca concentrada en la respiración.

b) El segundo método consiste en contar rápidamente hasta diez. Inspira mientras cuentas "uno, dos, tres, cuatro, cinco, seis, siete, ocho, nueve y diez" y espira mientras vuelves a contar «uno, dos, tres, cuatro, cinco, seis, siete, ocho, nueve y diez». Esto significa que, con cada inspiración, debes contar hasta diez y que, con cada espiración, debes contar hasta diez. Sigue contando así tantas veces cuantas sea necesario hasta que tu mente acabe concentrándose en la respiración.

c) El tercer método consiste en contar sucesivamente hasta diez del siguiente modo: "uno, dos, tres, cuatro, cinco" (solo hasta cinco) mientras inspiras y cuenta luego "uno, dos, tres, cuatro, cinco, seis" (solo hasta seis) mientras espiras. Luego cuenta "uno, dos, tres, cuatro, cinco, seis y siete" (solo hasta siete) mientras inspiras y después cuenta "uno, dos, tres, cuatro, cinco, seis, siete y ocho" mientras espiras. Luego haz lo mismo hasta nueve mientras inspiras y hasta diez mientras espiras. Y sigue contando así tantas veces cuantas sea necesario hasta que tu mente acabe concentrándose en la respiración.

d) El cuarto método consiste en hacer una inspiración prolongada. Cuenta mentalmente, cuando tus pulmones estén llenos, "uno" y espira completamente hasta que se vacíen. Entonces cuenta mentalmente "dos", haz de nuevo una inspiración larga y cuenta "tres" y luego espira completamente como antes, contando mentalmente "cuatro" cuando tus pulmones estén vacíos. Sigue contando así hasta llegar a diez y cuenta luego hacia atrás de 10 a 1. Y repite luego lo mismo de 1 a 10 y de 10 a 1.

e) El quinto método consiste en unir la inspiración y la espiración. Inspira y espira y cuando tus pulmones estén vacíos, cuenta mentalmente "uno". Luego inspira y espira de nuevo y cuenta mentalmente "dos". Sigue contando de este modo hasta llegar a "cinco" y luego repite de 5 a 1. Continúa con esta secuencia, mientras tu respiración va haciéndose cada vez más sutil y silenciosa.

Recuerda que no necesariamente debes seguir contando durante toda la sesión. Apenas tu mente se concentre en el extremo de los orificios nasales, en el punto donde se tocan inspiración y espiración, y empieces a sentir que tu respiración se torna tan sutil, refinada y silenciosa que apenas puedes distinguir la separación entre inspiración y espiración, debes dejar de contar. Contar no es más que una forma de entrenar a la mente a concentrarse en un objeto.

2. Conectar

No te quedes, después de inspirar, percibiendo la breve pausa previa a la espiración. Conecta la inspiración con la espiración de modo que puedas percibirlas como un proceso continuo.

3. Fijar

Concentra tu mente, después de haber unido la inspiración y la espiración, en el punto en que percibes el contacto de la inspiración y la espiración. Inspira y espira como un solo proceso continuo de respiración, hacia dentro y hacia fuera, que acaricia o roza el borde de tus fosas nasales.

4. Concentra tu mente como lo hace un carpintero

El carpintero empieza trazando una línea en el tablero que quiere aserrar. Luego lo sierra siguiendo esa línea. Pero no fija, mientras trabaja, su mirada en los dientes de la sierra, sino que, muy al contrario, concentra completamente su atención en la línea que antes ha esbozado. Mantén, del mismo modo, tu mente en el punto en que sientes la respiración en el borde de las fosas nasales.

5. Que tu mente sea como la de un portero

El portero no tiene en cuenta todos los detalles de las personas que entran y salen de la casa. Lo único que hace es ver quién entra y quién sale. Tampoco nosotros, cuando nos concentramos, debemos tener en cuenta todos los detalles de nuestra experiencia. Advierte simplemente la sensación del aire rozando, al inspirar y espirar, tus fosas nasales.

Mientras sigues con tu práctica, tu mente y tu cuerpo se tornan tan ligeros que, en ocasiones, puedes sentirte como si estuvieses flotando en el aire o el agua. A veces puedes llegar incluso a sentir que tu cuerpo está elevándose al cielo. Cuando concluye el aspecto burdo de tu respiración emerge su aspecto sutil, que pasa entonces a convertirse en el objeto de concentración de tu mente. Este es el signo de la concentración. La primera aparición de un objeto-signo se ve reemplazada por un objeto-signo más sutil. Podemos utilizar, para ilustrar esta sutilización del signo, el sonido de una campana. Cuando golpeamos la campana con una barra metálica escuchamos, al comienzo, un sonido burdo. En la medida en que el sonido se diluye, sin embargo, va sutilizándose cada vez más. La entrada y salida del aire parece también, al comienzo, un signo ordinario. En la medida en que le prestas atención, sin embargo, este signo se torna más sutil. Pero la conciencia sigue concentrada en las fosas nasales. En la medida en que el signo se desarrolla, los demás objetos de meditación se tornan cada vez más evidentes, pero la respiración se torna cada vez más sutil. Quizás, debido a esta sutileza, no adviertas la presencia de la respiración. No te decepciones ni te preocupes creyendo que has dejado de respirar o que no sucede nada en tu práctica meditativa. No te preocupes. Permanece atento y dispuesto a volver a la sensación del roce del aire con las fosas nasales. Ese es el momento en que debes intensificar tu práctica, equilibrando tu energía, fe, atención, concentración y sabiduría.

El símil del campesino

Imagina a un campesino que emplea a sus búfalos para labrar un arrozal. Cansado del trabajo los desata, al llegar el mediodía, y se acuesta a descansar a la sombra de un árbol. Cuando despierta, sin embargo, no ve a sus animales, pero en lugar de preocuparse, se dirige al abrevadero donde a mediodía se congregan todos los animales a beber y allí los encuentra. Luego los lleva consigo y los unce al yugo para proseguir su labor.

De manera parecida, tu respiración, en la medida en que sigues realizando este ejercicio, se torna tan sutil y refinada que quizás no la adviertas siquiera. No te preocupes cuando esto suceda, porque tu respiración no ha desaparecido. La encontrarás en el mismo lugar de siempre, en el borde de las fosas nasales. Haz unas cuantas respiraciones rápidas y advertirás de nuevo la sensación de la respiración. Sigue prestando atención a la sensación de roce de la respiración con el borde de tus fosas nasales.

Si mantienes la mente concentrada en el borde de tus fosas nasales, advertirás el signo del desarrollo de la meditación. Entonces percibirás la placentera sensación del signo que distintos meditadores experimentan de manera diferente. Hay quienes lo perciben como una estrella, como una joya redonda, como una perla, como una semilla de algodón, como una estaca de duramen, como una larga cuerda, una guirnalda de flores, una voluta de humo, una telaraña, un jirón de niebla, una flor de loto, el disco lunar o el disco solar.

En tu práctica anterior tomaste, como objetos de meditación, la inspiración y la espiración. Ahora tienes el signo como tercer objeto de meditación. Cuando focalices tu mente en este tercer objeto, tu mente alcanzará un grado de concentración para la práctica adecuada de la meditación de la visión profunda. Este signo se hace claramente presente en el borde de las fosas nasales. Cuando lo domines alcanzarás un control pleno al que, cuando quieras, podrás acceder. Une tu mente a este signo que está disponible en el momento presente y deja que la mente fluya a cada nuevo instante. Si prestas atención, verás que el signo mismo cambia de continuo. Y también verás que tu mente solo puede concentrarse en el momento presente. La unidad de la mente con el momento presente se conoce como concentración momentánea. Si bien los momentos discurren sin cesar uno tras otro, la mente sigue su curso y cambia con ellos, apareciendo y desapareciendo con ellos, sin aferrarse a ninguno. Si te empeñas en fijar la mente en un instante, acabarás frustrado, porque la mente no puede detenerse. Debes mantenerte en lo que sucede a cada nuevo instante. Y como el presente puede ser encontrado en cualquier instante, cada momento de vigilia puede convertirse en un momento de concentración.

Si queremos unir la mente al momento presente debemos encontrar algo que, en este instante, esté sucediendo. Pero no podrás con centrar tu mente en cada momento cambiante sin cierto grado de concentración que se atenga al ritmo de ese momento. Una vez que logras este grado de concentración, puedes utilizarlo para concentrar tu atención en cualquier cosa que experimentes, desde la expansión y contracción del abdomen hasta el ascenso y descenso del pecho, el vaivén de la respiración, la emergencia y desaparición de los pensamientos, etcétera.

Si quieres avanzar en la meditación de la visión profunda, necesitas este tipo de concentración momentánea. Esto es lo único que necesitas para la práctica de la visión profunda, porque cada experiencia perdura solo un instante. Cuando concentras tu estado mental en el cambio que se da en tu mente y en tu cuerpo adviertes que tu respiración es la parte física, mientras que la sensación de la respiración, la conciencia de la sensación y la conciencia del signo son sus aspectos mentales. Obsérvalos y advertirás que están cambiando de continuo. Además de a la respiración, también puedes prestar atención a los diferentes tipos de sensaciones corporales. Pero observa que todas ellas suceden en tu cuerpo. No trates de crear ninguna sensación que no se halle naturalmente presente en alguna parte de tu cuerpo. Date cuenta de todas las sensaciones que emergen en tu cuerpo. Y, cuando aparezca algún pensamiento, toma buena nota también de él. Debes advertir, en todo ello, la naturaleza transitoria, insatisfactoria y carente de identidad de todas tus experiencias, ya sean físicas o mentales.

En la medida en que la atención plena se desarrolla, el resentimiento frente a los cambios, el malestar por las experiencias desagradables, el deseo de experiencias agradables y la noción de identidad se ven reemplazados por la conciencia profunda de la transitoriedad, la insatisfacción y la ausencia de identidad de todos los fenómenos. Este conocimiento experiencial de la realidad te ayuda a alentar una actitud más tranquila y pacífica hacia tu vida. Verás que aquello que, en el pasado, consideraste permanente está cambiando tan rápidamente que ni siquiera tu mente puede seguir esos cambios. Pero, de algún modo, serás capaz de advertir muchos de los cambios. Verás la sutileza de la impermanencia y de la ausencia de la identidad, una comprensión que no solo te mostrará el camino que conduce a la paz y la felicidad, sino que te proporcionará también la sabiduría necesaria para enfrentarte adecuadamente a los problemas de la vida cotidiana.

Cuando la mente se une sin intermisión al flujo continuo de la respiración eres capaz de concentrarte naturalmente en el momento presente. Entonces puedes sentir la sensación que emerge del contacto de la respiración con el borde de tus fosas nasales. Cuando el elemento tierra del aire que respiramos conecta con el elemento tierra de nuestras fosas nasales, la mente experimenta el flujo de entrada y salida del aire. Asimismo, una cálida sensación aparece en las fosas nasales o en cualquier otra parte del cuerpo a partir del contacto del elemento fuego generado por el proceso respiratorio. La sensación de impermanencia de la respiración emerge cuando el elemento tierra del flujo respiratorio entra en contacto con las fosas nasales. Aunque el elemento agua también se halle presente en la respiración, la mente no puede sentirlo.

También sentimos, cuando el aire entra y sale de nuestros pulmones, el correspondiente movimiento de expansión y contracción del pecho y el abdomen, que forma parte del ritmo universal. Todo el universo se atiene al mismo ritmo de expansión y contracción de nuestra respiración y nuestro cuerpo. Todo surge y acaba desapareciendo. Pero lo que ahora más nos interesa gira en torno al fenómeno de ascenso y descenso de la respiración y de las facetas más diminutas de nuestro cuerpo y de nuestra mente.

La inspiración va acompañada de un cierto grado de tranquilidad que, si no espiramos pronto, acaba convirtiéndose en tensión. Y esa

tensión se libera apenas espiramos. Y si, después de espirar, tardamos demasiado en volver a tomar aire, experimentamos de nuevo
una sensación de incomodidad. Eso significa que, cada vez que nuestros pulmones están llenos, debemos espirar y que, cada vez que
están vacíos, debemos inspirar. Cuando inspiramos, experimentamos cierto grado de calma, y lo mismo sucede también cuando espiramos. Buscamos la tranquilidad y la liberación de la tensión y nos
desagradan la tensión y la sensación resultante de la falta de respiración. Nos gustaría que la tranquilidad durase más tiempo y que
la tensión desapareciese antes de lo que normalmente lo hace. Pero la
tensión no desaparece tan rápidamente como nos gustaría, ni la tranquilidad permanece todo el tiempo que queremos. Y, de nuevo, nos
sentimos inquietos o agitados deseando que la calma regrese a nosotros y permanezca más tiempo y que la tensión se vaya más rápidamente y no vuelva a presentarse. Esto nos permite darnos cuenta del
sufrimiento e infelicidad que genera, en una situación impermanente, hasta el más pequeño deseo de permanencia. Y, como no hay
ninguna entidad que controle esta situación, cada vez nos sentimos
más decepcionados.

Pero si observamos nuestra respiración sin querer tranquilizar-
la y sin sentirnos molestos por la tensión que emerge de la inspiración y de la espiración y experimentamos tan solo la impermanencia,
la insatisfacción y la ausencia de identidad de la respiración, nuestra
mente se serena y tranquiliza.

Pero la mente no permanece de continuo centrada en la sensación
de la respiración. También se dirige hacia los sonidos, recuerdos,
emociones, percepciones, conciencia y formaciones mentales. Cuando experimentamos esos estados, debemos olvidarnos de la sensación de la respiración y concentrar inmediatamente nuestra atención
–uno a uno, pero no todos a la vez– en esos estados. Y permite, una
vez se desvanezcan, que tu mente regrese a la respiración, que es el

hogar al que retorna después de sus excursiones, largas o cortas, por los diferentes estados mentales y corporales. Y no olvidemos que todos esos viajes mentales se producen dentro de la misma mente.

Cada vez que la mente regresa a la respiración, lo hace con una mayor comprensión de la impermanencia, la insatisfacción y la ausencia de identidad. La observación ecuánime e imparcial de los fenómenos va aumentando, de este modo, la capacidad de visión profunda de la mente. Así es como la mente se da cuenta de que este cuerpo, estas sensaciones, los diferentes estados de conciencia y las numerosas formaciones mentales deben usarse solamente con el objeto de alcanzar una comprensión más profunda de la realidad del complejo cuerpo-mente.

6. ¿Qué hay que hacer con el cuerpo?

La práctica de la meditación tiene una antigüedad de varios miles de años, tiempo suficiente para que el procedimiento se haya visto adecuadamente experimentado y depurado. La práctica budista siempre ha reconocido la estrecha relación que existe entre la mente y el cuerpo y que lo que ocurre en uno de ellos afecta profundamente al otro. Por ello recomienda ciertas prácticas físicas que, adecuadamente seguidas, te ayudarán a dominar esta habilidad. Recuerda, sin embargo, que estas posturas son un mero apoyo de la práctica. No las confundas entre sí. Meditar no significa sentarse en la postura del loto. Meditar es una habilidad mental que puedes practicar donde te plazca. Pero estas posturas, no obstante, te ayudan a aprender esta habilidad y aceleran tu avance y desarrollo. Utilízalas, pues, adecuadamente.

Reglas generales

El objetivo de las diferentes posturas es triple. En primer lugar, proporcionan una sensación de estabilidad corporal, lo que te permite alejar tu atención de cuestiones tales como el equilibrio y la fatiga muscular para poder concentrarte en el objeto formal de meditación.

En segundo lugar, producen la inmovilidad física, lo que se refleja en la inmovilidad mental, al tiempo que proporciona una estabilidad profunda y una concentración sosegada. En tercer lugar, proporcionan la habilidad necesaria para sentarte durante largos periodos de tiempo sin sucumbir a los principales enemigos de la meditación, el dolor, la tensión muscular y el sueño.

Lo más importante es sentarse con la espalda erguida. La columna debe estar recta, con una vértebra sobre otra, como si de una pila de monedas se tratara. Tu cabeza debe permanecer alineada con el resto de la columna. Y todo ello debe hacerse relajadamente, es decir, sin tensión. Uno no es un soldadito de madera ni hay sargento alguno vigilando. No debe haber, en el mantenimiento de la espalda recta, tensión muscular alguna. Siéntate tranquilo y cómodamente. La espalda debe ser como un árbol joven que se yergue sobre el suelo y del que cuelga tranquila y relajadamente el resto del cuerpo. Y esto es algo cuyo logro requerirá, de tu parte, cierto grado de experimentación. Hablando en términos generales, cuando estamos caminando o hablando solemos sentarnos en posturas demasiado rígidas, y en posturas demasiado relajadas cuando no hacemos nada. Pero ninguno de esos extremos funciona. Ambos son hábitos culturales que pueden, en consecuencia, ser desaprendidos. El objetivo consiste en sentarte en una postura en la que puedas permanecer inmóvil durante toda la sesión. Es muy probable que, al comienzo, te sientas un poco extraño sentándote con la espalda recta. Con la práctica, sin embargo, acabarás acostumbrándote. Pero eso es algo que requiere práctica. Mantener la espalda erguida es una posición muy importante que la fisiología considera como una postura de alerta física que alienta, a su vez, la alerta mental. Si la postura es demasiado relajada, estarás propiciando la somnolencia. También es importante el lugar en que te sientas. Y, dependiendo de la postura que elijas, necesitarás una silla o un cojín, aunque deberás elegir con sumo cuidado la firmeza del asiento. Excesivamente blando puede inducirte al sueño y demasiado duro puede resultar doloroso.

Ropa

La ropa que utilices para meditar debe ser suelta y ligera. Si corta la circulación o presiona los nervios, generará dolor o el cosquilleo habitual cuando se duerme una extremidad. Si llevas cinturón, aflójalo. No utilices pantalones ajustados ni de tela gruesa. Las faldas largas son, para la mujer, una buena elección. Los pantalones de tela delgada o elástica son adecuados para todo el mundo, como también lo son las ropas orientales tradicionales como el *sarong* y el *kimono*. Quítate, para meditar, los zapatos y también, si te aprietan, los calcetines.

Posturas tradicionales

Cuando te sientes en el suelo a la manera oriental, necesitarás un cojín que eleve tu columna. Elige uno que sea relativamente duro y de un grosor, cuando esté comprimido, de no menos de ocho centímetros. Siéntate cerca del borde frontal del cojín, con las piernas cruzadas frente a ti y apoyadas en el suelo. Si el suelo no está enmoquetado, probablemente necesites una alfombra o una manta doblada que proteja de la presión tus tobillos y espinillas. No te sientes en la parte posterior del cojín, porque esa posición presionará la parte baja de los muslos y pinzará los nervios, con el correspondiente dolor de piernas.

Son varias las posturas que, para doblar las piernas, puedes adoptar. Mencionemos ahora, en orden de preferencia ascendente, las cuatro más importantes:

a) *Estilo nativo americano*. El pie derecho se sitúa debajo de la rodilla izquierda y el pie izquierdo, debajo de la rodilla derecha.

b) *Postura birmana*. Ambas piernas quedan planas sobre el suelo, desde la rodilla hasta el pie, paralelas entre sí y una frente a otra.

c) *Medio loto*. Ambas rodillas tocan el suelo. Una pierna y un pie descansan, con la planta vuelta hacia arriba, sobre la pantorrilla de la pierna contraria.

d) *Loto completo*. Las dos rodillas tocan el suelo y ambas piernas se cruzan en las pantorrillas. El pie izquierdo descansa sobre el muslo derecho y el pie derecho, sobre el muslo izquierdo, con las plantas de ambos pies apuntando hacia arriba.

En todas estas posturas, las manos permanecen apoyadas en el regazo, una sobre otra y con las palmas hacia arriba. Las manos quedan justo por debajo del ombligo, con el borde de cada muñeca descansando sobre el muslo. Esta posición de los brazos vigoriza la parte superior del cuerpo. No tenses el cuello ni los músculos de los hombros. Relaja los brazos. El diafragma debe estar relajado y expandido hasta su máxima capacidad. No permitas que la tensión crispe la zona del estómago y no dejes caer la barbilla. Los ojos pueden estar cerrados o abiertos y posados, en este último caso, en la punta de la nariz o a una distancia media frente a ti. No debes mirar nada en concreto. Posa simplemente tu mirada en una dirección en la que no haya nada que ver, de modo que puedas olvidarte de la visión. No te tenses ni te crispes. Relaja tu cuerpo en una posición natural y flexible, colgando de la columna como una muñeca de trapo.

Las posturas del medio loto y del loto completo son las más utilizadas tradicionalmente en Oriente. Esta última es la que se considera más adecuada y es, con mucho, la más estable. Una vez asumida puedes permanecer completamente inmóvil durante largos periodos de tiempo. Pero como requiere una considerable flexibilidad de las piernas, no todo el mundo puede llevarla a cabo. Además, el principal criterio para elegir una postura no es lo que los demás digan al respecto, sino que debe permitirte permanecer inmóvil y sin dolor el mayor tiempo posible. Experimenta con diferentes posturas. Con la práctica, los tendones irán extendiéndose y te permitirán asumir gradualmente la posición del loto completo.

Utilizando una silla

No te preocupes si el dolor y otras razones no te permiten sentarte en el suelo. Siempre puedes utilizar, en lugar de ello, una silla. Elige una con un asiento nivelado, respaldo recto y sin brazos. Es mejor que la espalda no se apoye en el respaldo. El borde del asiento no debe causar molestia alguna en la cara inferior de los muslos. Coloca las piernas paralelas con los pies planos sobre el suelo. Coloca, como haces con las posturas tradicionales, ambas manos en el regazo, una sobre otra. No tenses el cuello ni los músculos de los hombros y relaja los brazos. Los ojos pueden permanecer también abiertos o cerrados.

No olvides, en ninguna de las posturas descritas, tus objetivos. De lo que se trata es de alcanzar un estado de completa tranquilidad física sin, por ello, caer en el sueño. Recuerda también la analogía con el agua sucia, porque lo que quieres es alentar un estado corporal estable que propicie la correspondiente estabilidad mental. También debes alcanzar un estado de alerta física que induzca el mismo tipo de claridad mental que buscas. Experimenta, pues, hasta encontrar la mejor postura. Tu cuerpo es una herramienta que puedes utilizar para crear los estados mentales deseados. Utilízalo del modo más adecuado.

7. ¿Qué hay que hacer con la mente?

La meditación que enseñamos también se llama meditación de la visión profunda. Como ya hemos dicho, la diversidad de posibles objetos de meditación es prácticamente ilimitada y los seres humanos han utilizado, a lo largo del tiempo, muchos de ellos. Aun dentro de la tradición vipassana, son muchas las modalidades de meditación. Hay maestros de meditación que enseñan a sus discípulos a seguir la respiración observando la expansión y contracción del abdomen. Otros recomiendan centrar la atención en el contacto del cuerpo sobre el cojín o de una mano o una pierna sobre la otra. El método que explicamos aquí, sin embargo, se considera el más tradicional y, probablemente, se trate del mismo método que el Buddha Gautama enseñó a sus discípulos. El *Satipatthana Sutta*, el discurso original del Buddha sobre la atención plena, afirma que uno debe empezar centrando la atención en la respiración, para luego pasar a ocuparse de los demás fenómenos físicos y mentales que aparecen.

Nos sentamos, pues, a observar la entrada y salida del aire de nuestra nariz. Parece, a primera vista, tratarse de un procedimiento extraño e inútil. Pero veamos, antes de pasar a las instrucciones concretas, las razones que lo explican. ¿Por qué, para empezar, debemos concentrar nuestra atención? ¿No estamos, después de todo, tratando de desarrollar la conciencia? ¿Por qué no nos sentamos sencillamente y cobramos tan solo conciencia de todo lo que ocurre en nuestra mente? De hecho, existen meditaciones de ese tipo, pero se trata de meditaciones no estructuradas que son muy difíciles. La mente es muy engañosa y el pensamiento es un proceso básicamente muy complicado. Con ello queremos decir que es muy fácil verse envuelto en los pensamientos hasta acabar atrapados y encadenados a ellos. Un pensamiento conduce a otro, este a otro y a otro y a otro, etcétera, hasta que, 15 minutos más tarde, nos damos súbitamente cuenta de que nos habíamos perdido en un sueño despierto o en una fantasía sexual, o de que estábamos preocupados por nuestras deudas o lo que fuere.

Existe una diferencia muy sutil entre pensar y ser consciente del pensamiento. Básicamente es una cuestión de sensación o textura. La sensación que acompaña a un pensamiento del que somos conscientes con pura atención se experimenta como algo ligero, y existe una cierta distancia entre el pensamiento y la conciencia que lo observa. Emerge y desaparece como una burbuja, sin necesidad de encadenarse con otro pensamiento. La sensación que acompaña, por otra parte, al pensamiento consciente habitual es de una textura mucho más burda, pesada, dominante y compulsiva, que nos absorbe y asume el control de nuestra conciencia. Es, por su misma naturaleza, obsesivo y se encadena directamente, sin aparente sensación de continuidad, a un nuevo pensamiento.

El pensamiento consciente va acompañado de algún tipo de tensión corporal, como la contracción muscular o el aumento de la frecuencia del latido cardíaco. Pero uno no experimenta esa tensión hasta que no se intensifica y se convierte en auténtico dolor, porque el pensamiento consciente habitual es también ansioso. Atrapa toda nuestra atención y nos impide darnos cuenta de sus efectos. Existe una gran diferencia, muy sutil y difícil de advertir, por cierto, entre pensar y ser consciente del pensamiento. La concentración es una de las herramientas que necesitamos para poder reconocer esa diferencia.

La concentración profunda no solo enlentece el proceso del pensamiento, sino que expande también la conciencia que lo observa al tiempo que aumenta la capacidad de examinar el proceso del pensamiento. La concentración es, en este sentido, una especie de microscopio que nos permite observar los estados sutiles de nuestro interior. Utilizamos el foco de la atención para concentrar, de manera estable y constante, nuestra mente. En ausencia de un punto de referencia fijo nos perdemos y nos vemos desbordados por las olas incesantes del flujo de pensamientos, que no deja de dar vueltas y más vueltas en nuestra mente.

La respiración nos sirve como objeto de atención, como punto de referencia vital del que la mente se aleja y al que acaba volviendo. Mal podríamos advertir o hablar siquiera de distracción en ausencia de un foco central del que la mente se aleje. Ese es el marco que nos sirve para contrastar el cambio y las continuas interrupciones que puntúan el funcionamiento normal del pensamiento.

Los antiguos textos pali asimilaban la meditación al proceso de domesticación de un elefante salvaje. El procedimiento utilizado en esos días consistía en atar a un poste, con una cuerda resistente, al animal recién capturado. Y, como eso es algo que al elefante no le gusta, se pasa varios días barritando, pisoteando y tirando de la cuerda. Solo es posible acercarse a él, alimentarle y enseñarle algo cuando acepta que no puede soltarse y se tranquiliza. Entonces puedes aflojar la cuerda y desatarlo del poste y enseñarle a realizar diferentes tareas. Solo cuando lo hayas domesticado podrá trabajar para ti. El elefante es tu mente, la cuerda, la atención y el poste, el objeto de meditación, es decir, la respiración. Por eso el elefante domesticado que emerge de este proceso es el equivalente a una mente bien entrenada que puede utilizarse para el delicado y difícil trabajo de atravesar los diferentes estratos de ilusiones que oscurecen la percepción de la realidad. No es extraño concluir, pues, que la meditación domestica la mente.

También podríamos preguntarnos por qué hemos elegido la respiración como objeto fundamental de meditación. ¿Por qué no utilizar algo un poco más interesante? Son muchas las respuestas que podríamos dar a esta pregunta. Un objeto útil de meditación debe ser algo que movilice la atención. Debe ser portátil, accesible y barato, y debe también ser algo que no nos sumerja en los estados mentales de los que estamos tratando de liberarnos, como la codicia, la ira y la ilusión. La respiración no solo satisface esos criterios, sino también muchos otros. Es común a todos los seres humanos, nos acompaña donde vayamos, siempre podemos acceder a ella, desde el nacimiento hasta la muerte, y no nos cuesta nada.

La respiración es un proceso no conceptual, algo que puede ser experimentado directamente sin necesidad de pensar. Además, es un proceso vivo, un aspecto de la vida que está cambiando de continuo. La respiración se mueve en círculos, inspiración y espiración, hacia dentro y hacia fuera, y representa, en este sentido, un modelo en miniatura de la vida misma.

La sensación de la respiración es muy sutil, pero también, cuando aprendemos a sintonizar con ella, muy clara. Requiere algo de esfuerzo encontrarla, pero cualquier persona puede hacerlo. Por todas esas razones, se trata de un objeto ideal de meditación. La respiración es habitualmente un proceso involuntario, un proceso que discurre a su propio ritmo sin necesidad de intervención consciente alguna. Pero un solo acto de voluntad puede enlentecerla o acelerarla, alargarla y suavizarla o reducirla y entrecortarla. El equilibrio entre la respiración involuntaria y su manipulación forzada es muy delicado, todo lo cual puede enseñarnos cosas muy interesantes sobre la naturaleza del deseo y la voluntad. Y ese punto en el borde de las fosas nasales puede ser considerado como una especie de ventana entre los mundos interno y externo. Es un nexo de conexión y transferencia de energía a través del cual las cosas del exterior entran en nosotros y se convierten en parte de lo que llamamos "yo" y una parte del "yo" sale para fundirse con el mundo externo. Y son muy importantes las lecciones que todo ello nos enseña sobre nuestra identidad y el modo en que la construimos.

Como la respiración es un fenómeno común a todos los seres vivos, su comprensión experiencial nos aproxima a todos ellos, mostrándonos la conexión inherente que nos une a toda forma de vida. En última instancia, la respiración es un proceso que ocurre en el momento presente, en el aquí y ahora. Ya sabemos que normalmente no vivimos en el presente; pasamos la mayor parte del tiempo preocupados por el futuro o perdidos entre los recuerdos del pasado. La respiración no tiene nada de "ultratemporal" porque, cuando la observamos de verdad, nos ubicamos automáticamente en el presente. Nos alejamos del marasmo de nuestras imágenes mentales y nos insertamos en la experiencia desnuda del aquí y ahora. En este sentido, la respiración es una rebanada viva de realidad. Son muchas y muy profundas, pues, las lecciones, aplicables a la totalidad de nuestra experiencia, que podemos extraer, si observamos atentamente, de este modelo en miniatura de la vida.

El primer paso para utilizar la respiración como objeto de meditación es encontrarla. Lo que buscamos es la sensación física y táctil del aire que entra y sale a través de nuestras fosas nasales. Esto es algo que sucede dentro y cerca de la punta de la nariz, aunque el punto exacto varía según la forma de la nariz. Si quieres descubrir dónde está, debes inspirar profundamente y sentir el punto exacto, en el interior de la nariz o en el labio superior, donde percibes la sensación más clara de roce del aire. Una vez que lo hayas identificado con claridad, utilízalo para fijar tu atención, sin apartarte de él.

Si no lo haces, te moverás hacia dentro o hacia fuera de la nariz, hacia arriba o hacia abajo de la tráquea, persiguiendo eternamente una respiración que, como siempre está cambiando, moviéndose y fluyendo, jamás podrás atrapar.

Si alguna vez has aserrado un tablón de madera, ya conoces cuál es el truco. Como el carpintero, tú no puedes fijar tu atención en la hoja de la sierra mientras se mueve de arriba hacia abajo porque, de ese modo, acabarías mareándote. Solo podrás trazar una línea recta si fijas la atención en el punto en que el diente de la sierra penetra en la madera. Centra, como meditador, tu atención en ese punto único de la sensación dentro de la nariz. Desde ahí podrás observar, con una atención clara, todo el movimiento de la respiración. No trates de controlar la respiración. Este no es un ejercicio respiratorio como los que se hacen en el *yoga*. Observa sencillamente el movimiento natural y espontáneo de la respiración, sin pretender regularlo ni enfatizarlo en modo alguno. La mayoría de los principiantes tienen, en este sentido, algún problema porque, tratando de concentrarse mejor en la sensación, acentúan inconscientemente la respiración. El resultado de todo ello es un forzamiento que, en lugar de favorecer la concentración, sencillamente la inhibe. No intensifiques la profundidad ni el sonido de la respiración. Esto último es muy importante, sobre todo cuando meditas en grupo porque, en ese caso, podrías molestar a los demás. Deja que la respiración discurra de manera natural, como lo hace cuando estás dormido. Relájate y deja que la respiración discurra a su propio ritmo.

Pero las cosas no son tan sencillas como, a primera vista, parecen. No te desalientes si descubres que tu voluntad se convierte en un impedimento. Utiliza ese descubrimiento como una oportunidad para observar la naturaleza de la intención consciente. Observa la delicada interrelación que existe entre la respiración, el impulso de controlarla y el impulso de dejar de controlarla. Quizás resulte frustrante durante un rato, pero como experiencia de aprendizaje se trata de una fase pasajera muy provechosa. A la postre, el proceso respiratorio discurrirá a su propio ritmo. Y, cuando ya no sientas la menor necesidad de controlar la respiración, habrás aprendido una lección muy importante acerca de la necesidad compulsiva de controlar el universo.

La respiración –que tan mundana y anodina parece a primera vista– es, de hecho, un proceso realmente fascinante y complejo. Si le prestas la suficiente atención, no tardarás en darte cuenta de que está lleno de delicadas variaciones: inspiración y espiración, respiración larga y respiración corta, respiración profunda y respiración superficial, respiración suave y respiración entrecortada, etcétera. Todas estas categorías se combinan entre sí de maneras muy sutiles e intrincadas. Observa atentamente la respiración. Si la estudias, descubrirás sus extraordinarias variaciones y el ciclo constante de pautas repetitivas. Es como una sinfonía. No te quedes tan solo dando vueltas en su periferia. Hay mucho más que ver que la inspiración y la espiración. Cada respiración comienza, discurre y concluye. Cada inspiración atraviesa un proceso de nacimiento, crecimiento y muerte, y lo mismo sucede con cada espiración. La profundidad y rapidez de la respiración se modifica según el estado emocional, el pensamiento que pasa por tu mente y los sonidos que escuchas. Estudia todos estos fenómenos. Los encontrarás fascinantes.

Pero ello no implica, sin embargo, que debas entablar un diálogo contigo mismo. «Acabo de tener una respiración entrecortada y una respiración larga. ¿Qué es lo que vendrá ahora?» No, eso no es vipassana. Eso es pensar. Quizás descubras que ocurren este tipo de cosas, sobre todo al comienzo. Pero esa es también una fase pasajera. Date sencillamente cuenta del fenómeno y vuelve a llevar tu atención a la observación de la sensación de la respiración. Las distracciones mentales aparecerán una y otra vez. Lo único que tienes que hacer es llevar de nuevo, todas las veces que sea necesario, tu atención a la respiración, hasta que dejes de distraerte.

Cuando emprendes este proceso puedes enfrentarte a algunas dificultades. Tu mente se distrae de continuo, revoloteando como un abejorro desesperado. No te preocupes por ello. Todos los meditadores experimentados conocen bien el fenómeno de la mente del mono. Todos han tenido que enfrentarse a él y superarlo, y lo mismo ocurrirá contigo. Date cuenta, cuando aparezca, de que estás pensando, soñando despierto, preocupándote o lo que sea. Y luego regresa, de un modo tan amable como firme, pero sin juzgarte ni enfadarte contigo por haberte distraído, a la simple sensación física de la respiración. Y hazlo así una y otra vez, y otra, y aun otra vez.

En algún momento de este proceso te encontrarás frente a la súbita y espantosa certeza de que estás completamente loco. Entonces comprobarás que tu mente es un manicomio sobre ruedas que se precipita atropelladamente, fuera de todo posible control, colina abajo. No te preocupes por ello. Hoy no estás más loco de lo que lo estabas ayer. Las cosas, aunque no te dieras cuenta, siempre han sido así. Y tampoco estás más loco que la gente que te rodea. La única diferencia es que tú te has enfrentado a la situación y ellos, no, de modo que ellos todavía se sienten relativamente cómodos. Pero eso no significa que estén más cuerdos que tú. La ignorancia puede ser una forma de felicidad, pero no conduce a la liberación. No dejes que esta situación te altere, porque representa un hito, un auténtico signo de progreso. El mismo hecho de haberte enfrentado directamente al problema significa que estás en vías de resolverlo y superarlo. Hay dos estados que, durante la observación silenciosa de la respiración, debes evitar: el pensamiento y el embotamiento. El primero de ellos se manifiesta más como el fenómeno de la mente del mono que acabamos de mencionar. La mente embotada, en cambio, representa un estado casi opuesto. "Embotamiento", hablando en términos generales, significa oscurecer la conciencia. En el mejor de los casos es una suerte de vacío mental en el que no hay pensamiento, observación de la respiración ni conciencia de nada. Es un hueco, una zona mental gris e informe que se asemeja al sueño sin sueños. El estado de embotamiento de la mente es un vacío que debes evitar.

La meditación vipassana es una función activa. La concentración es una atención poderosa y decidida enfocada en un solo objeto. La conciencia es un estado de alerta clara y transparente. *Samadhi* y *sati* son dos facultades que debes cultivar. Y el embotamiento mental no tiene nada que ver con ellas. En el peor de los casos, te dormirás y, en el mejor, perderás el tiempo.

Date cuenta de ello, cuando descubras que has caído en el estado de embotamiento mental, y vuelve a prestar atención a la sensación de la respiración. Observa las sensaciones táctiles que acompañan a la inspiración. Siente la sensación de contacto de la espiración. Inspira, espira y observa lo que ocurre. Cuando hayas hecho esto durante un tiempo –semanas o incluso, en ocasiones, meses–, empezarás a sentir el contacto como un objeto físico. Continúa entonces simplemente con el proceso, inspira y espira. Observa lo que ocurre. En la medida en que tu concentración se profundice, cada vez tendrás menos preocupaciones con la mente del mono. Tu respiración se hará más lenta y podrás seguirla con más claridad, cada vez con menos interrupciones. Entonces empezarás a experimentar un estado de gran calma y te hallarás completamente libre de lo que hemos denominado irritantes psíquicos y se desvanecerán la codicia, el deseo, la envidia, los celos y el odio, así como la agitación y el miedo. Se trata de estados mentales que, si bien son hermosos, claros y beatíficos, también son provisionales y desaparecerán apenas concluya la meditación. Sin embargo, esas experiencias, por más breves que sean, pueden acabar transformando toda tu vida. Y, aunque no constituyan la liberación, son hitos en el camino que conduce en esa dirección. No esperes, sin embargo, la beatitud instantánea, porque aun esos pasos intermedios requieren tiempo, esfuerzo y paciencia.

La experiencia de la meditación no es una competición. Es cierto que existe un destino definido, pero no hay horario de llegada alguno. Tu trabajo consiste en cavar y cavar a través de estratos de ilusión, cada vez más profundos, hasta llegar a la comprensión de la verdad suprema de la existencia. Se trata de un proceso fascinante y satisfactorio y, en sí mismo, muy gratificante. No existe, pues, necesidad alguna de apresurarse.

Al final de una sesión de meditación bien hecha experimentarás una deliciosa frescura mental. Se trata de una energía tranquila, alegre y gozosa que puedes aplicar a los problemas de la vida cotidiana. Esto, en sí mismo, resulta muy reconfortante. El propósito de la meditación, no obstante, no consiste en enfrentarte a las dificultades; y la habilidad de solución de problemas es un beneficio colateral que debe ser considerado como tal. Si subrayas desproporcionadamente el aspecto de solución de problemas, descubrirás que, durante la sesión, tu atención se dirige hacia ello, desviándote de la concentración.

No pienses, durante la práctica, en tus problemas. Déjalos amablemente a un lado. Deja descansar un rato tus preocupaciones y tus planes. Tómate la meditación como un tiempo de vacaciones completas. Confía en ti mismo, confía en tu capacidad para enfrentarte posteriormente a esos problemas empleando, para ello, la energía y frescura mental adquirida durante la meditación. Ten confianza y verás como, finalmente, ocurre.

No establezcas objetivos que te resulten difíciles de alcanzar. Sé amable contigo mismo. Trata de seguir tu propia respiración de manera continua e ininterrumpida. Como esto, de entrada, parece bastante sencillo, tenderás a ser escrupuloso y exacto. Pero esta es una expectativa irreal. Tómate las cosas tranquilamente y divide el tiempo en pequeñas unidades. Asume, al comienzo de la inspiración, el propósito de seguir tu respiración durante esa inspiración. No creas que esto es sencillo, pero lo cierto es que puedes lograrlo. Luego, al comienzo de la espiración, decide seguirla hasta que concluya. No te preocupes si fracasas. Sigue sencillamente adelante.

Vuelve a comenzar cada vez que tropieces. Atiende, una tras otra, a tus respiraciones. Este es el único nivel del juego en el que realmente puedes vencer. Atiende, paso a paso, a la respiración, fragmentándola en pequeñas unidades. Observa cuidadosa y atentamente la respiración, renovando en cada una de dichas unidades tu intención. Así es como al final atenderás, continua e ininterrumpidamente, a la respiración.

La atención plena de la respiración es una forma de conciencia del momento presente. Cuando la practicas adecuadamente, solo eres consciente de lo que ocurre en el presente. No miras hacia atrás ni hacia adelante. Olvídate de la última respiración y no anticipes la siguiente. No te apresures, cuando la inspiración está comenzando, a avanzar hacia su final. No saltes tampoco hacia la espiración que vendrá a continuación. Permanece atento a lo que ahora está ocurriendo. Comienza la inspiración y no prestes atención a nada más.

Ese tipo de meditación es una forma de reaprendizaje mental. El estado al que aspiras es un estado en el que eres completamente consciente de todo lo que sucede en tu universo perceptual, del modo exacto en que ocurre y del momento preciso en que se produce..., es decir, un estado de conciencia total e ininterrumpida del momento presente. Se trata de un objetivo tan elevado que no puede ser alcanzado de buenas a primeras. Requiere práctica, de modo que avanzaremos poco a poco. Empieza siendo totalmente consciente de una pequeña unidad de tiempo, de una sola inspiración. Y, cuando lo logres, estarás en el camino hacia una forma completamente nueva de experimentar la vida.

8. Organizando la meditación

Todo lo que hemos dicho hasta ahora se ha movido estrictamente dentro del ámbito teórico. Convendrá, pues, que nos adentremos en la verdadera práctica. ¿Cómo debemos llevar a cabo esa cosa llamada meditación?

En primer lugar, debemos establecer un programa de práctica formal, un tiempo concreto en el que practicar meditación vipassana y nada más. Cuando eras niño y no sabías caminar, alguien se tomó la molestia de enseñarte. Te cogió de los brazos, te animó y se colocó de pie frente a ti hasta que empezaste a dar tus primeros pasos. Ese tiempo de formación fue la fase de práctica formal del arte de caminar.

El mismo procedimiento básico seguimos en el caso de la meditación. Elegimos, para ello, un momento destinado al desarrollo de esa habilidad mental llamada atención plena [mindfulness]. Y luego dedicamos un periodo exclusivo a esa actividad, organizando nuestro entorno para que haya el menor número posible de distracciones. Y debo decir que, después de haber dedicado toda nuestra vida al desarrollo de hábitos mentales opuestos al ideal de la atención plena e ininterrumpida, no se trata de una habilidad fácil de aprender. No es de extrañar que deshacernos de esos hábitos requiera de toda una estrategia. Nuestra mente, como ya hemos dicho, es como un vaso lleno de agua sucia. El objeto de la meditación consiste en aclarar toda esa suciedad hasta poder ver lo que ocurre. Y el mejor modo de

hacerlo es sentarse. Si te sientas el tiempo suficiente, tu mente acabará aclarándose y tornándose transparente. La meditación consiste
en dedicar tiempo a este proceso. Contemplada desde el exterior, sin
embargo, la meditación parece una actividad completamente inútil,
una actividad tan poco productiva como la de una gárgola de piedra.
Pero son muchas, sin embargo, las cosas que, en tal caso, ocurren en
nuestro interior. La suciedad de nuestra mente se deposita en el fondo,
dejándonos con una claridad mental que nos ayuda a enfrentarnos
más adecuadamente a las situaciones que la vida nos depara.

Pero ello no significa que debamos hacer algo para provocar ese
asentamiento. Se trata de un proceso que discurre por sí solo. El simple acto de sentarnos y permanecer atentos provoca esa sedimenta-
ción. De hecho, cualquier esfuerzo que realicemos al respecto resulta
contraproducente, porque eso es represión, y la represión no funciona. Cuando tratas de forzar las cosas, solo les añades más energía.
Quizás triunfes provisionalmente, pero a la larga las habrás fortale-
cido. Las ocultas en el inconsciente hasta que, cuando estás mirando
hacia otro lado, afloran sin que puedas hacer nada para enfrentarte
a ellas.

El mejor modo de aclarar tu flujo mental es dejar que sedimente
por sí solo. No añadas energía a la situación. Observa atentamente el
agua sucia, sin implicarte en el proceso. Finalmente advertirás que
acaba asentándose. No es fuerza, sino energía, lo que la meditación
requiere. Nuestro único esfuerzo al respecto debe ser la atención paciente y amable.

El tiempo dedicado a la meditación es como un corte transversal
de todo el día. Todo lo que nos sucede se almacena, de un modo u
otro, mental o emocionalmente, en la mente. Durante la vida normal
estamos tan desbordados por la presión de los acontecimientos que
no podemos procesar de manera apropiada muchas cuestiones básicas. Y todo ello queda enterrado en el inconsciente, donde se pudre,

fermenta y se transforma. Y lo más curioso es que luego acabamos preguntándonos extrañados de dónde procede toda esa tensión.

Y todo eso sale, de un modo u otro, durante la meditación. Entonces tienes la posibilidad de percibirlo, de ver cómo es y de soltarlo. El tiempo dedicado formalmente a la meditación crea un entorno que favorece esa liberación. Restablecemos nuestra atención plena a intervalos regulares. Nos alejamos de aquellos eventos que movilizan de continuo nuestra mente. Nos retiramos de todas las actividades que estimulan nuestras emociones. Nos retiramos a un lugar silencioso y nos sentamos inmóviles. Entonces todo empieza a burbujear hasta que acaba desvaneciéndose. Y el efecto neto de esa situación se asemeja a recargar las pilas. La meditación renueva tu atención.

¿Dónde sentarte?

Busca un lugar silencioso y apartado en el que puedas estar solo. No tiene que tratarse de un lugar ideal en medio del bosque. Eso es algo, para la mayoría de nosotros, prácticamente imposible. Debe tratarse de un lugar en el que no vayas a ser molestado y en el que te sientas cómodo. También debe tratarse de un lugar en el que no te sientas expuesto a la mirada de los demás. Debes dedicar toda tu atención a la meditación, sin preocuparte de lo que los demás puedan pensar al respecto. Elige un lugar en el que puedas estar lo más tranquilo posible. Y, aunque no tiene que ser una habitación a prueba de ruidos, ten en cuenta que algunos ruidos son muy atractivos y deben, en consecuencia, ser evitados. Entre ellos cabe destacar la música y las conversaciones que, por su extraordinario poder para atrapar la mente, obstaculizan necesariamente la concentración.

Son varias las cosas que, tradicionalmente, se utilizan para establecer un ambiente apropiado. Una habitación iluminada tan solo por la luz de una vela está muy bien, un poco de incienso está muy bien y una pequeña campana que anuncie el fin de la sesión también está muy bien. Pero no hay que olvidar que esos son meros adornos que, por más alentadores que resulten para algunas personas, en modo alguno son esenciales para la práctica.

Es probable que te resulte útil sentarte siempre en el mismo lugar. Un espacio especialmente reservado para la meditación es, para muchas personas, una ayuda inestimable. Pronto asociarás ese lugar a la tranquilidad de la concentración profunda, lo que te ayudará a alcanzar con mayor rapidez estados profundos. Lo principal es sentarte en un lugar propicio para la práctica, lo que requiere un poco de experimentación. Prueba hasta que descubras algún sitio en el que te sientas cómodo y puedas meditar sin distracciones innecesarias.

Son muchas las personas que encuentran útil sentarse con un grupo de meditadores. La disciplina de la práctica regular es esencial, y a muchas personas les resulta más sencillo sentarse regularmente si se comprometen a ello con un grupo. Dan así su palabra y saben que, de ese modo, la cumplen. Así, evitan el síndrome del "estoy demasiado ocupado". Quizás puedas encontrar, en el entorno en que vivas, a un grupo de meditadores. No importa que practiquen otro tipo de meditación siempre y cuando lo hagan en silencio. Pero también debes tratar, por otra parte, de ser autosuficiente en tu práctica y no confiar en la presencia del grupo como única motivación de tu sentada. La sentada, adecuadamente realizada, es un placer. Apela al grupo como ayuda, no como muleta.

¿Cuándo sentarte?

La regla más importante para sentarse a meditar es lo que el budismo conoce como Camino Medio, que consiste en no pasarse ni quedarse corto. Esto no significa que debas sentarte donde y cuando te venga en gana, sino que debes establecer un programa de práctica y perseverar con una tenacidad amable y paciente. Establecer un programa es alentador, pero si descubres que ha dejado de serlo y se ha convertido en una carga, revísalo porque, en tal caso, habrá algo equivocado.

La meditación no debe convertirse en un deber ni en una obligación. La meditación es una actividad psicológica que te permite enfrentarte directamente a la materia prima de los sentimientos y las emociones. Por consiguiente, es una actividad que depende mucho de la actitud con que abordes la sesión. No es de extrañar, por tanto, que tus expectativas acaben determinando tus logros. En este sentido, tu práctica será mejor si aguardas con ganas el momento de sentarte. Si, por el contrario, esperas pasarlo mal, probablemente sea eso lo que ocurra. Sentarte es una pauta cotidiana con la que debes convivir. Hazlo de un modo razonable. Adáptala al resto de tu vida y, si empieza a parecerte difícil, cambia lo que consideres oportuno.

La mañana es un buen momento para meditar, porque la mente está fresca y todavía no está agobiada por preocupaciones y responsabilidades. La meditación matutina es una forma muy adecuada de empezar el día, que te despierta y prepara para enfrentarte adecuadamente a las cosas. Asegúrate, sin embargo, antes de comenzar, de que estás bien despierto. No servirá de mucho si empiezas a cabecear o te duermes. Lávate, pues, la cara o dúchate antes. Y también puedes hacer un poco de ejercicio para mejorar, así, la circulación. Haz lo que tengas que hacer para despertar y siéntate luego a meditar. No te dejes llevar por las situaciones pendientes, porque es muy fácil olvidar que tienes que sentarte. Convierte la meditación en la más importante de las actividades que lleves a cabo en la mañana.

La noche es otro momento excelente para la práctica. La mente se encuentra entonces saturada de toda la basura mental que has acumulado a lo largo del día y es muy adecuado que, antes de ir a dormir, te desembaraces de ella. De ese modo, la meditación limpiará y rejuvenecerá tu mente. Restablece la atención plena y tu sueño será profundo y reparador.

Bastará, cuando empieces a meditar, con que lo hagas una vez al día. Está muy bien que quieras meditar más, pero no te pases. No es infrecuente que los meditadores noveles incurran, en este sentido, en un error y acaben "quemándose." Se sumergen en la práctica 15 horas al día durante par de semanas hasta que el mundo real acaba atrapándolos. Entonces deciden que el trabajo meditativo requiere demasiados sacrificios y un tiempo del que ellos no disponen. No caigas, pues, en esa trampa. No te quemes durante la primera semana. Avanza lentamente y esfuérzate de un modo estable y perseverante. Date tiempo para que la práctica meditativa se incorpore a tu vida y deja que todo se mueva de manera amable y gradual.

En la medida en que aumente tu interés por la práctica, te descubrirás dedicándole cada vez más tiempo. Pero se trata de un fenómeno espontáneo que discurre a su propio ritmo, sin necesidad de forzarlo.

Los meditadores avanzados le dedican tres o cuatro horas al día. Llevan vidas normales y corrientes y todavía les queda tiempo para meditar. Pero eso es algo que sucede de manera natural.

¿Cuánto tiempo hay que dedicarle?

También se aplica aquí una regla parecida a la anterior. Siéntate todo lo que puedas, pero sin pasarte. La mayoría de los principiantes se sientan entre 20 y 30 minutos. Al comienzo es difícil que una sentada más prolongada resulte provechosa. Como la postura es poco familiar para los occidentales, se requiere inicialmente un tiempo para que el cuerpo se adapte. También las habilidades mentales requeridas son poco familiares y el periodo de ajuste exige asimismo su tiempo.

En la medida en que te acostumbres a la sentada podrás ampliar el tiempo que le dediques. En este sentido conviene señalar que, al cabo de un año de práctica constante, es posible que te encuentres cómodo con sentadas de una hora de duración.

También conviene subrayar aquí un punto muy importante, y es que la meditación vipassana no es una forma de ascetismo. No se trata, en modo alguno, de que te mortifiques. De lo que se trata es de cultivar la atención, no el dolor. Es cierto que hay algunos dolores inevitables, sobre todo en las piernas. En el capítulo 10 veremos el modo más adecuado de enfrentarnos al dolor. Existen algunas técnicas y actitudes especiales que puedes aprender para afrontar la incomodidad. Lo que queremos decir aquí es que la meditación no es una prueba de resistencia física. No necesitas demostrarle nada a nadie. No te obligues a permanecer sentado con un dolor muy intenso solo para poder decir que te has sentado durante una hora. Esa es una manifestación inútil del ego. No fuerces las cosas, sobre todo al comienzo. Reconoce tus limitaciones y no te juzgues con severidad ni te condenes por no ser capaz de sentarte indefinidamente como una roca.

En la medida en que la meditación vaya convirtiéndose en parte de tu vida, podrás ampliar tus sesiones más allá de la hora. Una regla general muy útil en este sentido consiste en determinar cuál es, para ti y en ese momento de tu vida, el tiempo más adecuado... y añadirle luego cinco minutos.

No existen reglas fijas y estables sobre el tiempo que debes sentarte. Y, aun en el caso de que hayas establecido un periodo mínimo, hay días en que sentarte tanto tiempo puede resultar físicamente imposible. Con ello no quiero decir que debas, ese día, cancelar toda sentada, porque es escncial que te sientes regularmente. Pero hay veces en que basta con unos pocos minutos de meditación.

Debes decidir previamente, dicho sea de paso, la duración de la sentada. Y eso no es algo que debas hacer mientras estás meditando. Es muy sencillo, de ese modo, caer en la inquietud, uno de los factores que, durante la meditación, debes aprender a observar atentamente. Establece, pues, un tiempo que sea realista y atente a él.

Puedes utilizar un reloj que te avise del tiempo transcurrido, pero no debes mirarlo cada dos minutos. Tu concentración, en tal caso, se perdería y te pondrías nervioso esperando que la sesión termine. Eso no sería meditar, sino mirar el reloj. No mires el reloj hasta que creas que ha pasado el tiempo de la sentada. En realidad, ni siquiera necesitas consultar el reloj, al menos no necesitas hacerlo todas las veces que te sientes. Hablando en términos generales, deberías sentarte el tiempo que quisieras. No hay un tiempo mágico. Lo más adecuado, sin embargo, es establecer un tiempo mínimo. Si no lo haces, corres el peligro de ir acortando las sesiones. En tal caso, te levantarás cuando te sientas incómodo o te enfrentes a algo desagradable. Y eso no está bien. Ten en cuenta que esas experiencias son algunas de las más provechosas a las que pueden enfrentarse los meditadores, pero solo si las atraviesan sentados. Debes aprender a observarlas tranquilo y atentamente. Míralas con atención y, cuando lo hayas hecho las suficientes veces, perderán el poder que tienen sobre ti. Entonces las verás como lo que son, meros impulsos que emergen y desaparecen, como parte de un despliegue pasajero. Y, como consecuencia de ello, tu vida se sosegará.

La palabra "disciplina" tiene, para muchas personas, connotaciones negativas. Sugiere imágenes represoras de alguien que está junto a nosotros dispuesto, con un palo, a señalarnos nuestros errores. Pero la autodisciplina es otra cosa, la autodisciplina es la capacidad de escuchar los gritos vacíos de nuestros impulsos y entender su secreto hasta descubrir que no son más que farsas y engaños que no tienen, sobre nosotros, el menor poder. Y es que, por más que griten, nos engañen y nos amenacen sacando las uñas, no pueden hacernos nada. Nos rendimos a ellos por el simple hábito, porque no nos tomamos la molestia de ver más allá de su apariencia hostil, detrás de la cual solo hay vacío. Pero esta es una lección que solo puedes aprender de un modo. Y no sirven, para ello, las palabras de esta página. Mira en tu interior y observa los fenómenos que emergen; mira la inquietud, la ansiedad, la impaciencia y el dolor y obsérvalos sin involucrarte en ellos. Entonces descubrirás sorprendido que desaparecen. Tan sencillo como esto. Hay otra palabra para referirse a la autodisciplina, es la palabra "paciencia".

9. La planificación de los ejercicios

En los países en los que se practica el budismo Theravada es tradicional empezar la sesión meditativa recitando una serie de invocaciones que la audiencia occidental probablemente despreciaría como meros rituales despojados de todo sentido. Pero esos "rituales", sin embargo, se vieron establecidos y depurados a lo largo del tiempo por un puñado de mujeres y hombres que tenían un objetivo eminentemente práctico. Merece la pena, por tanto, que les echemos un vistazo más detenido.

El Buddha fue considerado, en su época, como un hombre que se enfrentó a las costumbres imperantes. Nació en el seno de una sociedad intensamente ritual y sus ideas eran iconoclastas para la jerarquía establecida de su tiempo. En numerosas ocasiones rechazó, de manera inflexible, el uso de los rituales en sí mismos. Pero eso no significa que los rituales carezcan de utilidad, sino tan solo que, en sí mismos, no nos ayudan a salir de la trampa. En realidad, los rituales forman parte de la trampa. Si crees que la mera recitación de palabras te salvará, solo aumentarás tu dependencia de las palabras y los conceptos. Y ello no te acerca a la percepción silenciosa de la realidad, sino que te aleja de ella. Las fórmulas que siguen deben ser ejecutadas, pues, con una clara comprensión de lo que son y del modo en que funcionan. No son oraciones ni *mantras*. Tampoco son encantamientos mágicos. Son dispositivos de limpieza psicológica que, para ser eficaces, requieren de una participación mental activa. La mera recitación de las palabras sin intención alguna que las anime resulta inútil. La meditación vipassana es una actividad psicológica delicada cuya eficacia depende esencialmente del estado mental de quien la practica. Esta es una técnica que funciona mejor en un clima de confianza tranquila y bondadosa y que, adecuadamente utilizada, puede servir como herramienta muy útil en el camino de la liberación.

La triple guía

La meditación es una tarea difícil porque se trata de una actividad eminentemente solitaria. En ella tienes que enfrentarte, al fin y al cabo, a fuerzas muy poderosas que forman parte de la misma estructura de tu mente, una situación que puede resultar desesperante. Un buen día miras en tu interior y te das cuenta de la enormidad de aquello a lo que te enfrentas. Es como si trataras de traspasar una pared tan densa que ningún rayo de luz puede atravesarla. Ahí estás sentado, contemplando esa mole y diciéndote: «¿Qué? ¿Eso es lo que se supone que debo atravesar? ¡Eso es imposible! Pero es todo lo que hay. Esa es la totalidad del mundo. Eso es lo que utilizo para definirme y entender el mundo que me rodea. Si me deshago de ello, el mundo se vendrá abajo y moriré. No puedo hacerlo. Sencillamente no puedo».

Entonces surge un sentimiento de profundo terror, un sentimiento de profunda soledad. Ahí estás, tratando de destruir algo tan grande que supera todo lo concebible. Y, para tratar de contrarrestar esa sensación de aislamiento, es útil saber que no estás solo. Otros antes que tú han atravesado ese camino, y otros antes que tú se han adentrado en ese túnel y han logrado atravesarlo hasta llegar a la luz. Ellos te han transmitido las reglas para lograrlo y se han unido en una fraternidad para alentarse y apoyarse mutuamente. El Buddha encontró el modo de atravesar esa pared, y muchos otros siguieron posteriormente sus pasos. Dejó instrucciones muy precisas en forma del Dhamma para guiarnos en ese camino. Y fundó el Sangha, es decir, la comunidad de monjes y monjas que se dedican a conservar vivo el camino que puede ayudar a otros a seguir su ejemplo. No estás solo, pues, y la situación no es tan desesperada.

La meditación requiere energía. Necesitas el valor necesario para enfrentarte a algunos fenómenos mentales difíciles y la determinación necesaria para atravesar, durante la sentada, los estados mentales desagradables. La pereza no te servirá de nada. Repite en voz baja, con el fin de movilizar la energía necesaria para llevar a cabo el trabajo, la siguiente afirmación. Siente la intención que la anima. Y repítela convencido de la veracidad de lo que dices.

Estoy dispuesto a seguir el mismo camino que han atravesado el Buddha y sus grandes y santos discípulos. La persona indolente no puede seguir este camino. Ojalá tenga la energía necesaria para ello. Que, finalmente, pueda lograrlo.

El amor-amistad universal

La meditación vipassana es un ejercicio de atención plena, es decir, de conciencia no egoísta. Es un procedimiento que, sirviéndose de la mirada penetrante de la atención plena, erradica el ego. Cuando el practicante emprende el proceso, el ego controla su mente y su cuerpo. A medida que la atención plena observa el funcionamiento del ego va impregnando sus raíces y disolviéndolo poco a poco. Pero eso también entraña una paradoja. La atención plena es conciencia sin ego, pero ¿cómo podemos contar, al comenzar el proceso, con la suficiente atención plena si es el ego el que lo emprende? Siempre contamos con una cierta atención plena, el problema es recopilar la suficiente para que sea eficaz. Y, a este fin, conviene apelar a una táctica inteligente como debilitar, por ejemplo, aquellos aspectos del ego más dañinos para que la atención plena tenga que afrontar una menor resistencia.

La codicia y el odio son las manifestaciones primordiales del proceso del ego. Y, mientras el apego y el rechazo estén presentes en nuestra mente, la atención plena se enfrentará a grandes dificultades. Esta es una situación cuyos resultados son fáciles de comprender. Si te sientas a meditar mientras estás en las garras de alguna identificación fuertemente obsesiva, descubrirás que no vas a ninguna parte. Si estás absorto en tu último proyecto para ganar dinero, probablemente pases la mayor parte de tu sentada pensando en ello. Y si, del mismo modo, estás enfadado por algún agravio reciente, tu mente estará completamente atrapada en ello. El día tiene poco tiempo y los minutos de meditación son preciosos. Es mejor que no los desperdicies inútilmente.

La tradición Theravada ha desarrollado una herramienta útil para eliminar de tu mente, al menos provisionalmente, esas barreras y puedas llevar a cabo el trabajo de erradicarlas de forma permanente.

Puedes utilizar una idea para acabar con otra. Puedes equilibrar una emoción negativa con otra positiva. La entrega es lo opuesto de la codicia, y la bondad es lo contrario al odio. Y debes entender, desde ahora mismo, que este no es ningún intento de utilizar la autohipnosis para liberarte. Es imposible condicionar la iluminación. *Nibbana* es un estado incondicionado. La persona liberada es generosa y bondadosa, pero no porque se haya visto condicionada a ser de ese modo, sino porque es una manifestación de su naturaleza básica, que ya no está inhibida por el ego. Por ello, no es el fruto de ningún tipo de condicionamiento. Es más bien, una medicina psicológica. Si tomas esta medicina, según las instrucciones prescritas, lograrás un alivio provisional de los síntomas de la enfermedad que ahora te aqueja. Entonces podrás empezar a trabajar en serio para curar, no los síntomas, sino la misma enfermedad.

Erradica, para comenzar, los pensamientos de rechazo y condena de ti mismo. Luego permite que los buenos deseos fluyan primero hacia ti mismo, lo que resulta relativamente sencillo. Haz después lo mismo con las personas que más próximas te resulten. Ve expandiendo gradualmente luego tu círculo hasta que puedas dirigir esas mismas emociones a tus enemigos y a todos los seres vivos. Adecuadamente realizado, este es un ejercicio poderoso y transformador.

Empieza cada sesión meditativa pronunciando las siguientes palabras y siendo claramente consciente de la intención que las anima:

Que pueda yo estar bien, contento y en paz. Que no sufra ningún daño. Que no experimente ninguna dificultad. Que no me vea afectado por ningún problema. Que pueda encontrar siempre el éxito. Que pueda tener la paciencia, el valor, el entendimiento y la determinación necesarios para enfrentarme y superar las inevitables dificultades, problemas y fracasos que me depare la vida.

Que puedan mis padres estar bien, contentos y en paz. Que no sufran ningún daño. Que no experimenten ninguna dificultad. Que no se vean afectados por ningún problema. Que puedan encontrar siempre el éxito. Que puedan tener la paciencia, el valor, el entendimiento y la determinación necesarios para enfrentarse y superar las inevitables dificultades, problemas y fracasos que les depare la vida.

Que puedan mis maestros estar bien, contentos y en paz. Que no sufran ningún daño. Que no experimenten ninguna dificultad. Que no se vean afectados por ningún problema. Que puedan encontrar siempre el éxito. Que puedan tener la paciencia, el valor, el entendimiento y la determinación necesarios para enfrentarse y superar las inevitables dificultades, problemas y fracasos que les depare la vida.

Que puedan mis parientes estar bien, felices y en paz. Que no sufran ningún daño. Que no experimenten ninguna dificultad. Que no se vean afectados por ningún problema. Que puedan encontrar siempre el éxito. Que puedan tener la paciencia, el valor, la comprensión y la determinación necesarios para enfrentarse a las inevitables dificultades, problemas y fracasos que les depare la vida.

Que puedan mis amigos estar bien, contentos y en paz. Que no sufran ningún daño. Que no experimenten ninguna dificultad. Que no se vean afectados por ningún problema. Que puedan encontrar siempre el éxito. Que puedan tener la paciencia, el valor, el entendimiento y la determinación necesarios para enfrentarse y superar las inevitables dificultades, problemas y fracasos que les depare la vida.

Que puedan todas las personas que me son desconocidas estar bien, contentas y en paz. Que no sufran ningún daño. Que no experimenten ninguna dificultad. Que no se vean afectadas por ningún problema. Que puedan encontrar siempre el éxito. Que puedan tener la paciencia, el valor, el entendimiento y la determinación necesarios para enfrentarse y superar las inevitables dificultades, problemas y fracasos que les depare la vida.

Que puedan mis enemigos estar bien, contentos y en paz. Que no sufran ningún daño. Que no experimenten ninguna dificultad. Que no se vean afectados por ningún problema. Que puedan encontrar siempre el éxito. Que puedan tener la paciencia, el valor, el entendimiento y la determinación necesarios para enfrentarse y superar las inevitables dificultades, problemas y fracasos que les depare la vida.

Que puedan todos los seres vivos estar bien, contentos y en paz. Que no sufran ningún daño. Que no experimenten ninguna dificultad. Que no se vean afectados por ningún problema. Que puedan encontrar siempre el éxito. Que puedan tener la paciencia, el valor, el entendimiento y la determinación necesarios para enfrentarse y superar las inevitables dificultades, problemas y fracasos que les depare la vida.

Deja a un lado, concluida la recitación de estas oraciones, todos tus problemas y conflictos durante el tiempo que dure la práctica. Déjalos estar. Y, en el caso de que regresen a tu meditación, trátalos como lo que son, meras distracciones.

La práctica del amor-amistad universal se recomienda también antes de dormir y justo después de despertar. Se dice que facilita la conciliación del sueño e impide las pesadillas. También contribuye a que te levantes de buen humor y te hace más amistoso y abierto hacia todo el mundo, amigo o enemigo, ser humano o no.

El más dañino de todos los agentes irritantes psíquicos que emergen de la mente, sobre todo cuando más tranquila está, es el resentimiento. Es posible que experimentes indignación recordando algún incidente que te haya causado dolor psicológico o físico. Esta experiencia puede provocar inquietud, tensión, agitación y preocupación. Quizás, si experimentas este estado mental, no seas capaz de concluir tu sentada. Por eso te recomendamos encarecidamente comenzar tu meditación generando amor-amistad universal.

Tal vez te preguntes cómo podemos desear: «Que puedan mis *enemigos* estar bien, contentos y en paz. Que no sufran ningún daño. Que no experimenten ninguna dificultad. Que no se vean afectados por ningún problema. Que puedan encontrar siempre el éxito. Que puedan tener la paciencia, el valor, el entendimiento y la determinación necesarios para enfrentarse y superar las inevitables dificultades, problemas y fracasos que les depare la vida». Pero debes recordar que practicas el amor-amistad para purificar tu mente, del mismo modo que practicas la meditación para tu propio logro de paz y liberación del dolor y el sufrimiento. En la medida en que ejercitas en tu interior el amor-amistad puedes comportarte de un modo más amable, sin sesgos, prejuicios, discriminación ni odio. Esta noble conducta te permitirá ayudar a los demás de un modo más práctico a la hora de reducir su dolor y sufrimiento. La compasión es la manifestación del amor-amistad en acción, porque mal puede, quien no posee amor-amistad, ayudar a los demás. La conducta noble, que incluye pensamiento, palabra y acto, significa comportarse de un modo más amable. Si esta modalidad de expresión triple de tu conducta es contradictoria, algo está equivocado; una conducta contradictoria no puede ser noble. Desde una perspectiva pragmática, además, es mucho mejor cultivar el noble pensamiento «que puedan todos los seres ser felices» que el pensamiento «te odio». El pensamiento noble acabará expresándose un buen día en una conducta noble, mientras que el pensamiento rencoroso y malévolo derivará en un comportamiento malvado y rencoroso.

Recuerda que los pensamientos se transforman en palabras y acciones para dar lugar al resultado deseado. El pensamiento traducido en acción es capaz de producir resultados tangibles. Siempre debes decir y hacer las cosas con amor-amistad. Si, mientras hablas de amor-amistad, actúas o hablas de un modo diametralmente opuesto, merecerás la reprobación del sabio. En la medida en que ejercitas el amor-amistad, tus pensamientos, palabras y acciones deben ser amables, bondadosos, significativos, verdaderos y beneficiosos tanto para ti como para los demás. Si tus pensamientos, palabras o acciones te causan daño a ti, a los demás o a ambos, deberás preguntarte si realmente eres consciente del amor-amistad.

Si todos tus enemigos se encuentran bien, están contentos y en paz, no serán, hablando en un sentido estrictamente práctico, tus enemigos. Si se liberasen de los problemas, dolores, sufrimientos, aflicciones, neurosis, psicosis, paranoias, miedos, tensiones, ansiedades, etcétera, no serían tus enemigos. El enfoque más práctico hacia tus enemigos consiste en ayudarles a superar sus problemas, de modo que puedan vivir en paz y felicidad. De hecho, si quieres ser feliz y vivir en paz, debes llenar las mentes de todos tus enemigos de amor-amistad y hacerles entender el verdadero significado de la paz. Cuanto más neuróticos, psicóticos, temerosos, tensos y ansiosos estén, más perturbación, dolor y sufrimiento aportarán al mundo. Si puedes convertir a una persona malvada y perversa en bondadosa y santa, habrás realizado un milagro. Cultiva en tu interior la sabiduría y el amor-amistad para transformar las mentes enfermas en mentes sanas.

Cuando odias a alguien, piensas: «que sea feo, que sufra, que no prospere, que no sea rico, que no sea famoso y que no tenga amigos. Y que, después de su muerte, renazca, por toda la eternidad, en un estado de privación». Pero lo que, en realidad, sucede de ese modo es que el mismo cuerpo genera una alquimia dañina que experimentas en forma de dolor, aumento de la tensión y el ritmo cardíaco, cambios en la expresión facial, pérdida del apetito e insomnio y te hace parecer desagradable a los ojos de los demás. Dicho de otro modo, atraviesas las mismas cosas que estás deseando a tu enemigo.

Y también dejas de ver la verdad tal cual es. Tu mente es como el agua hirviendo, o como el enfermo de ictericia al que le saben insípidos los alimentos deliciosos. No puedes, en tal caso, apreciar la apariencia, los logros y los éxitos de los demás. Y esa es una enfermedad que, mientras siga presente, te impedirá meditar bien.

Te recomendamos, por tanto, muy encarecidamente que, antes de empezar a meditar en serio, practiques el amor-amistad. Repite, atenta y conscientemente, los ocho pasajes recién mencionados. Y siente, en la medida en que los recitas, el amor-amistad, primero en tu interior y luego con los demás, porque mal podrás compartir con los demás lo que ni siquiera compartes contigo.

Recuerda, sin embargo, que estas no son fórmulas mágicas. No funcionan por sí solas. Si las utilizas así, perderás tiempo y energía. Pero, si realmente crees en estas afirmaciones y les entregas toda tu energía, te servirán muy bien. Inténtalo y descúbrelo por ti mismo.

10. Enfrentarte a los problemas

Tú, como todo el mundo, tendrás problemas con la meditación. Hay problemas de todo tipo y tamaño, pero lo único seguro es que tendrás que enfrentarte a algunos de ellos. Y lo más importante para enfrentarte a los problemas es adoptar la actitud correcta. Las dificultades forman parte integral de la práctica, no tienes que evitarlas, sino que debes aprovecharlas como valiosas oportunidades de aprendizaje.

La razón fundamental por la que estamos atrapados en la vida es porque nos empeñamos de continuo en huir de nuestros problemas y conseguir nuestros deseos. La meditación constituye, en este sentido, una especie de laboratorio en el que podemos examinar ese síndrome y diseñar estrategias para enfrentarnos a él. Los diferentes problemas e inconvenientes que aparecen durante la meditación son grano para el molino, material con el que trabajar. Del mismo modo que no hay placer sin cierto grado de dolor, tampoco hay dolor sin cierto grado de placer. La vida está compuesta de alegrías y miserias; ambas van de la mano, y la meditación no es, en este sentido, ninguna excepción y, llevándola a la práctica, experimentarás buenos y malos momentos, éxtasis y situaciones espantosas.

No te sorprendas, pues, cuando te topes con una experiencia meditativa que se asemeja a una pared de ladrillo. No creas que eso solo te sucede a ti. Todos los meditadores experimentados han tenido sus propias paredes de ladrillo. Aparecen de vez en cuando. Espéralas y abórdalas adecuadamente. La capacidad de enfrentarte a los problemas dependerá de tu actitud. Si aprendes a considerar los contratiempos como oportunidades, como ocasiones para el desarrollo de tu práctica, avanzarás. Entonces podrás aplicar al resto de tu vida la capacidad para enfrentarte a los problemas que aparezcan durante la meditación y suavizar así los grandes asuntos que te preocupan. Si tratas, por el contrario, de evitar las cosas desagradables que aparecen durante la meditación, estarás reforzando el hábito que, en tantas ocasiones, ha convertido tu vida en algo insoportable.

Es esencial que aprendas a enfrentarte a los aspectos menos placenteros de la existencia. Nuestra tarea como meditadores es la de aprender a ser pacientes con nosotros mismos y vernos completamente y sin prejuicios, con todas nuestras tristezas y debilidades. Tenemos que aprender a ser amables con nosotros mismos. Considerado a largo plazo, evitar lo desagradable es una cosa muy poco bondadosa que hacemos con nosotros mismos. Paradójicamente, la bondad supone enfrentarte a las cosas desagradables en el mismo momento en que aparecen.

Una estrategia humana muy habitual para enfrentarte a las dificultades es la autosugestión. Cuando aparece algo doloroso te convences de que no está ahí o de que no es desagradable, sino placentero. La táctica enseñada por el Buddha para enfrentarte a las dificultades es exactamente la contraria. Más que ocultarlas o disfrazar los problemas, la enseñanza del Buddha te invita a examinarlos con sumo cuidado. El budismo te aconseja no implantar sentimientos de los que careces ni evitar, por el contrario, los que posees. Si eres miserable, eres miserable, esa es la realidad, eso es lo que está sucediendo, y eso es lo que debes asumir sin pestañear siquiera. Cuando tienes un mal momento tienes que examinar esa experiencia, observarla atentamente, estudiar el fenómeno y aprender el modo en que funciona. La mejor manera de salir de una trampa consiste en estudiarla y entender cómo está construida. Solo así podrás desarmarla, es el único modo de que no pueda atraparte. Esa es una estrategia cuyo resultado es la liberación. Pero este punto, por más esencial que sea, es uno de los aspectos peor entendidos de la filosofía budista. Quienes han estudiado de forma superficial el budismo concluyen precipitadamente que es pesimista, que subraya cosas desagradables, como el sufrimiento, y que nos impulsa a enfrentarnos a las desagradables realidades del dolor, la enfermedad y la muerte. Pero los pensadores budistas no se consideran pesimistas, sino todo lo contrario. El dolor existe en el universo y, en cierta medida, resulta inevitable. Aprender a enfrentarse al dolor no es, pues, pesimismo, sino una forma muy pragmática de optimismo. ¿Cómo te enfrentarías a la muerte de tu esposa? ¿Cómo reaccionarías si mañana muriese tu madre, tu hermana o tu mejor amigo? Imagina que un buen día pierdes el trabajo, los ahorros o las piernas. ¿Cómo te enfrentarías a la perspectiva de pasar el resto de tu vida en una silla de ruedas? ¿Cómo reaccionarías a un diagnóstico de cáncer terminal o a tu propia muerte, si se aproximara? Es cierto que podrías escapar a alguna de estas dificultades, pero no a todas. La mayoría de nosotros pierde, en alguna que otra ocasión, amigos y parientes, y todos, en algún momento, enfermamos y morimos. Podemos sufrir eso o enfrentarnos abiertamente a ello. La decisión es solo tuya.

Aunque el dolor es inevitable, el sufrimiento no lo es. Es como si se tratara de dos animales diferentes. Si alguna de estas tragedias te golpea en tu estado mental actual, sufres. Las pautas que habitualmente controlan tu mente te encierran en el sufrimiento, y no hay modo de escapar. No es absurdo, por tanto, dedicar tiempo y energía a aprender respuestas alternativas a esas pautas habituales. La mayoría de los seres humanos malgastan toda su energía pensando formas de aumentar su placer y reducir su dolor. El budismo no te aconseja que abandones por completo esta actividad. El dinero y las seguridades no están mal. El dolor, en la medida de lo posible, debe ser evitado. Nadie está diciéndote que renuncies a todas tus posesiones ni que sufras dolores innecesarios, pero el budismo te aconseja que dediques tiempo y energía a aprender a enfrentarte a lo desagradable, porque parte del dolor es inevitable. Si ves que un camión se te echa encima, apártate de su camino. Pero dedica también algún tiempo a la meditación. Aprender a enfrentarte a las dificultades es el único modo de prepararte para responder a la proximidad de los camiones que no pueden verse.

A lo largo de tu práctica aparecerán problemas. Algunos serán físicos, otros emocionales y otros actitudinales. A todos debes enfrentarte, y todos tienen su propia respuesta concreta. Pero todos ellos, a su vez, te ofrecen una oportunidad para liberarte.

Problema 1: el dolor físico

Aunque a nadie le guste el dolor, todo el mundo, en algún que otro momento de su vida, lo experimenta. Se trata de una de las experiencias más comunes y es muy probable que, de una u otra forma, aparezca durante tu meditación.

Enfrentarte al dolor es un proceso que atraviesa dos estadios diferentes. En primer lugar desembarázate, si ello es posible, del dolor o, al menos, desembarázate de todo el dolor que puedas. Si luego queda algún residuo, utilízalo como objeto de meditación. El primer paso es de tipo físico. Quizás el dolor sea algún tipo de dolencia, como un dolor de cabeza, una fiebre, una contusión o lo que sea. En tal caso deberás utilizar, antes de sentarte a meditar, el tratamiento médico habitual, como tomarte alguna medicación, aplicar un linimento, etcétera.

También hay ciertos dolores específicos derivados de la postura sedente. Es normal, si nunca antes habías pasado mucho tiempo sentado en el suelo con las piernas cruzadas, que haya un periodo de ajuste durante el cual la incomodidad resulta casi inevitable. Hay remedios concretos, en este sentido, para cada tipo de dolor. Revisa, si el dolor está en la pierna o las rodillas, tus pantalones, porque ese dolor podría deberse simplemente al hecho de estar utilizando pantalones de tela muy gruesa o demasiado ajustados. Trata, si ese es el caso, de cambiarlos. Revisa también tu cojín. Debe tener, cuando está comprimido, algo menos de diez centímetros. Intenta, si el dolor se ubica en la cintura, aflojar el cinturón. Y aflójalos, también, si llevas pantalones de banda elástica. Si el malestar se ubica en la parte inferior de la espalda, es muy probable que la postura asumida sea incorrecta. Encorvarse nunca es cómodo, de modo que trata de enderezarte. Yergue la columna sin ejercer, para ello, tensión alguna. Son varias las causas que pueden explicar el dolor en el cuello o en la parte superior de la espalda. La primera de ellas es una postura inadecuada de las manos. Tus manos deben apoyarse cómodamente en el regazo. No las mantengas a la altura de la cintura. Relaja los brazos y los músculos del cuello. No dejes que tu cabeza caiga hacia adelante. Mantenla alineada con la columna.

Es posible que, después de haber llevado a cabo todos estos ajustes, sigas experimentando algo de dolor. Trata, en tal caso, de dar el segundo paso, convertir el dolor en objeto de meditación. No te muevas ni te alteres por ello. Observa atentamente el dolor. Cuando el dolor sea muy penetrante, logrará apartar tu atención de la respiración. No te empeñes en evitarlo. Deja que tu atención se dirija hacia la sensación. Entra luego directamente en el dolor. No bloquees la experiencia. Explora la sensación. Ve más allá de cualquier reacción de rechazo y sumérgete en la sensación pura que hay por debajo de todo eso.

Entonces advertirás la presencia de un par de cosas. La primera de ellas es la simple sensación, el dolor. La segunda es tu resistencia a esa sensación, una reacción en parte mental y en parte física. Esta te lleva a tensar los músculos de la zona dolorida y de las zonas adyacentes. Relaja estos músculos. Ve relajándolos, individualmente, uno tras otro. Es muy probable que este paso contribuya de manera muy significativa a reducir el dolor. Luego dirígete al aspecto mental de la resistencia. Del mismo modo que te estás tensando físicamente, también te estás tensando psicológicamente. Estás crispándote mentalmente en la sensación de dolor, tratando de rechazarla y alejarla de la conciencia. Ese rechazo es una forma muda de decir «no me gusta esta sensación», una actitud de «¡vete!». Es algo muy sutil. Pero está ahí y, si lo observas atentamente, no tardarás en verlo. Localiza y relaja esa actitud de rechazo.

Esta última parte es más sutil. Pero, aunque no haya palabras para describir con precisión esta acción, podemos entenderla a través de una analogía. Observa lo que haces con los músculos tensos y haz lo mismo con la esfera mental, es decir, relaja la mente del mismo modo que relajas el cuerpo. El budismo reconoce la estrecha relación que existe entre el cuerpo y la mente. Es cierto que muchas personas no entienden esto como un proceso en dos pasos. Relajar el cuerpo es, para ellos, lo mismo que relajar la mente, y viceversa. Esas personas experimentan toda relajación, mental y física, como un solo proceso. Suéltate completamente, en cualquiera de los casos, hasta trascender la barrera de la resistencia y relájate en la pura y fluida sensación que está más allá de ella. La resistencia era una barrera que tú mismo erigiste. Era un hueco, una sensación de distancia entre el yo y los demás, una frontera entre "yo" y "el dolor". Basta con que disuelvas esa barrera para que la separación se desvanezca. Entonces te sumerges en el océano de las sensaciones que afloran y te fundes con el dolor, te conviertes en él. Y, cuando observas cómo discurre, ocurre algo extraordinario. Deja de doler. El sufrimiento ha desaparecido. Solo queda el dolor, nada más que una experiencia. El "yo" que sufría ha desaparecido dejando tras de sí, como resultado, la liberación del dolor.

Este es un proceso acumulativo. Inicialmente esperas triunfar sobre los pequeños dolores y verte derrotado por los grandes. Pero esta es una habilidad que, como tantas otras, va desarrollándose con la práctica. Cuanto más practicas, más dolor puedes llegar a soportar. Pero no debes entender que estamos abogando aquí por una forma extraña de masoquismo. En modo alguno propugnamos la automortificación. Este es un ejercicio de conciencia, no de autotortura. Si el dolor resulta insoportable, muévete, pero hazlo lenta y atentamente. Observa tus movimientos. Percibe lo que sientes al moverte y observa lo que sucede con el dolor. Date cuenta del modo en que el dolor se reduce. Trata de no moverte demasiado. Cuanto menos te muevas, más fácil te resultará permanecer completamente atento. Los meditadores principiantes afirman tener dificultades en permanecer atentos cuando el dolor está presente. Pero esta dificultad se deriva de una idea equivocada. Estos estudiantes conciben la atención plena como algo diferente de la experiencia del dolor, lo que no es cierto. La atención plena nunca existe aisladamente. Siempre está asociada a algún objeto, y un objeto es tan bueno como otro. Uno puede estar tan atento al dolor como a la respiración.

Las reglas que hemos mencionado en el capítulo 4 se aplican tanto al dolor como a cualquier otro estado mental. Debes ser lo suficientemente cuidadoso como para no ir más allá de la sensación y no quedarte tampoco corto. No añadas ni quites nada. No empañes la experiencia pura con conceptos, imágenes ni pensamientos discursivos. Mantén tu conciencia en el momento presente, justo en el dolor, de modo que no pierdas su comienzo ni su final. El dolor que no se observa con la luz clara de la atención plena da lugar a reacciones emocionales como el miedo, la ansiedad o la ira. Si lo observas adecuadamente, sin embargo, no existe tal reacción. No es más que sensación, mera energía. Y una vez que hayas aprendido a aplicar esta técnica al dolor físico, puedes generalizarla al resto de tu vida. Puedes utilizarla con una sensación desagradable. Lo que sirve para el dolor también sirve para la ansiedad y la depresión crónica. Esta técnica es una de las habilidades vitales más valiosas y útiles. Es la paciencia.

Problema 2: piernas dormidas

Es muy habitual que a los principiantes se les duerman o insensibilicen, durante la meditación, las piernas. Sencillamente no están acostumbrados a cruzarlas. Hay quienes se sienten tan ansiosos que creen que deben levantarse y moverse. También hay quienes tienen miedo a que la falta de circulación pueda llegar a gangrenar sus piernas. Pero no hay que preocuparse por ese entumecimiento. Su causa no es tanto la falta de circulación como un pinzamiento nervioso. Nadie se ha dañado, por estar sentado, sus piernas. Así pues, relájate. Observa atentamente el fenómeno si, durante la meditación, tus piernas se duermen. Observa cómo te sientes. Quizás te sientas incómodo, pero si no lo piensas, no hay dolor. Permanece tranquilo y atento. No te preocupes si tus piernas se duermen y permanece así. Al cabo de un rato de observarlo, el entumecimiento acaba desapareciendo. Tu cuerpo sencillamente se adapta a la práctica cotidiana. Entonces podrás sentarte durante sesiones más largas sin problema de entumecimiento alguno.

Problema 3: sensaciones extrañas

La gente experimenta, durante la meditación, todo tipo de fenómenos. Hay quienes sienten picores, cosquilleos, relajación profunda, una sensación de ligereza o una sensación de estar flotando. También es posible sentir que uno se expande, se encoge o se eleva en el aire. Los principiantes a menudo se entusiasman con estas sensaciones. Pero no debes preocuparte por estas sensaciones, porque es muy improbable que empieces a levitar. A medida que la relajación avanza, aumenta también la eficacia del sistema nervioso para transmitir impulsos sensoriales. Entonces puede transmitirse una masa mayor de datos sensoriales anteriormente bloqueados, dando lugar a todo tipo de sensaciones desconocidas. Pero esto no significa nada en concreto. No son más que sensaciones. Emplea sencillamente la técnica habitual: observa cómo aparecen, observa cómo discurren y observa cómo acaban desapareciendo. No te involucres en ellas.

Problema 4: la somnolencia

También es muy habitual experimentar somnolencia durante la meditación. Se supone que debes tranquilizarte y relajarte. Desafortunadamente, sin embargo, solo experimentamos ese estado al dormir, de modo que asociamos ambos procesos. Así es como empezamos a darnos cuenta de que vamos a la deriva. Aplica tu atención plena, cuando descubras que eso ocurre, al estado de somnolencia. La somnolencia posee ciertas características definidas. Descubre el modo en que afecta al proceso de tus pensamientos y localiza también las sensaciones corporales que la acompañan.

Esta atención inquisitiva es el opuesto directo de la somnolencia que acabará disolviéndola. Si, de ese modo, la somnolencia no desaparece, deberás buscarle una causa física. Búscala y enfréntate a ella. Quizás la causa se deba simplemente al hecho de que acabas de comer. Es mejor, si luego tienes que meditar, que comas ligeramente o que, después de una comida, esperes una hora para hacer la digestión. No ignores lo evidente. Y también es normal estar cansado si te has pasado el día cargando ladrillos. Y lo mismo sucede si has pasado la noche anterior en vela. Atiende a las necesidades físicas de tu cuerpo y luego medita. No te rindas al sueño. Permanece atento y despierto, porque el sueño y la concentración meditativa son experiencias diametralmente opuestas. La comprensión no viene del sueño, sino de la meditación. Respira profundamente, si estás muy dormido, y aguanta la respiración. Luego espira lentamente. Inspira de nuevo, mantén la respiración todo lo que puedas y acaba espirando lentamente. Repite este ejercicio hasta que tu cuerpo se active y la somnolencia se desvanezca. Luego regresa de nuevo a la respiración.

Problema 5: la falta de concentración

Todo el mundo experimenta, de vez en cuando, una atención exacerbada y fluctuante, algo que suele abordarse con las técnicas que hemos presentado en el capítulo relativo a las distracciones. Pero también debes saber que los factores externos que contribuyen a este fenómeno pueden ser abordados con sencillos ajustes en tu programa de práctica. Las imágenes mentales, por ejemplo, son entidades poderosas que pueden permanecer mucho tiempo en nuestra mente. En la manipulación directa de este tipo de material se basa precisamente el arte de la narrativa. A ello se debe el efecto intenso y persistente que dejan, en nuestra mente, imágenes y personajes cuando el autor hace bien su trabajo. No es raro que, si acabas de ver la mejor película del año, tu meditación esté saturada de esas imágenes.

Y tampoco es de extrañar que, si estás leyendo la más espantosa de las novelas de terror, tu meditación esté llena de monstruos. Cambia pues, en tal caso, el orden de los acontecimientos y medita antes de leer o de ir al cine.

Otro factor decisivo es tu propio estado emocional, porque la agitación provocada por los conflictos de la vida cotidiana acaba afectando a tu meditación. Quizás puedas, en tal caso, resolver, antes de meditar, los conflictos cotidianos inmediatos. De ese modo, tu vida discurrirá con más placidez y no te verás obligado a pensar inútilmente durante la práctica. Pero no utilices, sin embargo, este problema como excusa para dejar de meditar, porque hay ocasiones en las que no podrás resolver, antes de meditar, tus problemas. Si este es el caso, sigue adelante y siéntate. Utiliza tu meditación para superar las actitudes egocéntricas que te mantienen atrapado en tu limitado punto de vista. Luego, tus problemas se resolverán mucho más fácilmente. Y también habrá días en los que, sin que puedas descubrir causa aparente alguna que lo justifique, tu mente parecerá incapaz de descansar. Recuerda la alternancia cíclica de la que antes hablábamos. La meditación atraviesa por altibajos en los que hay días buenos y días malos.

La meditación *vipassana* es, ante todo, un ejercicio de conciencia en el que no es tan importante vaciar la mente como saber qué es lo que hace. Si te sientes presa de la agitación y no puedes hacer nada por evitarlo, dedícate sencillamente a observar. Todo depende de ti. El resultado será un nuevo paso hacia delante en tu viaje de autoexploración. Pero no te sientas frustrado por el incesante diálogo de tu mente, porque toda esa cháchara solo es algo más a lo que debes prestar atención.

Problema 6: el aburrimiento

Resulta difícil imaginar algo más aburrido que quedarte quieto durante una hora sintiendo exclusivamente el flujo del aire que entra y sale por la nariz. Por ello son muchas las ocasiones en que, durante la meditación, caerás en el aburrimiento. Eso es algo que le ocurre a todo el mundo. El aburrimiento es un estado mental que debe ser tratado, en consecuencia, como tal. Veamos ahora un par de sencillas estrategias que te ayudarán a afrontarlo.

Táctica A: Restablece la verdadera atención plena

Te aseguro que si la observación continua de la respiración te parece una actividad muy aburrida, has dejado de observar atentamente el proceso. La atención nunca es aburrida. Mira de nuevo sin dar por sentado que ya sabes lo que es la respiración. No supongas que ya has visto todo lo que, al respecto, hay que ver. Porque, si lo haces así, no estarás observando la realidad viva, sino conceptualizando la respiración. Si prestas una atención clara, ya sea a la respiración o a cualquier otra cosa, es imposible que te aburras. La atención plena lo observa todo con los ojos y el asombro de un niño. La atención plena contempla cada instante como si fuese el primero y único del universo. Vuelve, pues, a renovar tu mirada.

Táctica B: Observa tu estado mental

Observa atentamente tu estado de aburrimiento. ¿Qué es el aburrimiento? ¿Dónde está? ¿Cómo se siente? ¿Cuáles son sus componentes mentales? ¿Va acompañado de alguna sensación física? ¿Qué efectos tiene sobre el proceso del pensamiento? Observa el aburrimiento con una mirada nueva, como si fuese la primera vez que lo vieses.

Problema 7: el miedo

Hay veces en que, sin motivo aparente que lo justifique, aflora, durante la meditación, el miedo. Se trata de un fenómeno relativamente habitual que puede deberse a diferentes razones. Es posible, por ejemplo, que estés experimentando el efecto de algo reprimido mucho tiempo atrás. Recuerda que los pensamientos se originan en el inconsciente. Y ten también en cuenta que los contenidos emocionales de un pensamiento complejo suelen filtrarse en tu mente consciente mucho antes de que ese pensamiento aflore a la superficie. Si, mientras experimentas el miedo, permaneces sentado, puede llegar un momento en que te resulte soportable. También puedes tropezar con el miedo a lo desconocido, un tipo de miedo al que todos tememos. En algún punto del camino te das súbitamente cuenta de la seriedad de tu empeño. No es nada sencillo derribar el muro de las ilusiones a las que siempre has apelado para explicarte la vida y protegerte de la intensa llama de la realidad. Estás a punto de encontrarte, cara a cara, con la verdad última. Y, por más aterrador que te resulte, también es algo a lo que tarde o temprano deberás enfrentarte. Da un paso, pues, hacia delante y zambúllete directamente en la realidad.

También es posible que el miedo que experimentes lo hayas generado tú y sea el resultado de una concentración deficiente. Es posible que hayas activado un programa inconsciente que se dedica a "examinar todo lo que aparece" y quizás, al aflorar una imagen terrible, tu atención se fije en ella y la alimente. Pero el verdadero problema, en este caso, consiste en la debilidad de la atención porque cuando tu atención plena está bien desarrollada, adviertes el cambio apenas aparece y afrontas la situación del modo acostumbrado. La cura del temor siempre reside, sea cual sea su fuente, en la atención plena. Observa el miedo tal cual es, sin aferrarte a él; observa su emergencia y su desarrollo; estudia sus efectos y observa las sensaciones que despierta en ti y el modo en que afecta a tu cuerpo. Y cuando te descubras atrapado en alguna imagen aterradora, obsérvala sencillamente con plena atención, viendo las imágenes como imágenes y los recuerdos como recuerdos. Observa también las reacciones emocionales que acompañan a esas imágenes y a esos recuerdos y reconócelas como lo que son. Mantente al margen del proceso sin involucrarte en él y contémplalo todo como si fueras un espectador curioso. Y lo más importante de todo, no luches contra la situación. No trates de reprimir tus recuerdos, tus sentimientos ni tus fantasías. Apártate simplemente de su camino y deja que todo aflore, discurra y acabe desvaneciéndose. Los recuerdos y las fantasías no pueden dañarte, son meras imágenes. No tienes, de ellos, nada que temer.

Cuando permites que el miedo siga su curso por el escenario de la atención consciente, no vuelve a sumergirse en el inconsciente. En tal caso, ya no regresará posteriormente para asustarte, sino que habrá desaparecido para siempre.

Problema 8: la inquietud

La inquietud suele encubrir una experiencia más profunda que se mueve en el inconsciente. Los seres humanos somos muy buenos reprimiendo cosas. En lugar de enfrentarnos a los pensamientos desagradables que experimentamos, nos empeñamos en soterrarlos para no tener que volver a ocuparnos de ellos. Pero esta estrategia, sin embargo, no suele tener éxito, al menos no completamente. Porque, si bien ocultamos el pensamiento, la energía mental que, para ello, empleamos se estanca y entra en ebullición generando, como resultado, la desazón que llamamos agitación o inquietud. Y aunque no haya, en tal caso, nada que puedas identificar al respecto, te sientes inquieto e incapaz de relajarte. Cuando, durante la meditación, aflore este incómodo estado mental, obsérvalo sin dejar que se apodere de ti. No te levantes ni huyas, pero tampoco luches contra él ni te empeñes en que desaparezca. Déjalo estar y observarlo con mucha atención. Así, el material reprimido acaba emergiendo a la superficie, poniendo de relieve la preocupación que te inquietaba.

La experiencia desagradable que tratamos de evitar puede ser cualquier cosa como, por ejemplo, culpabilidad, avaricia, o cualquier tipo de problema, desde un dolor de baja intensidad hasta una dolencia sutil o los primeros síntomas de una enfermedad. Sea lo que fuere, déjalo aflorar observándolo muy atentamente. Si permaneces quieto observando tu agitación, esta acaba desapareciendo. Seguir meditando constituye, a pesar de la inquietud, un pequeño avance en tu carrera meditativa que te enseñará muchas cosas. Entonces descubrirás, por ejemplo, que la inquietud es, de hecho, un estado mental más bien superficial y efímero, que viene y va y no tiene, sobre ti, el menor poder.

Problema 9: exceso de esfuerzo

Los meditadores avanzados parecen, a los ojos de los demás, personas muy joviales, puesto que poseen uno de los tesoros más valiosos del ser humano, el sentido del humor. Pero no se trata del tipo de charla ingeniosa superficial que observamos en los coloquios, sino de verdadero sentido del humor que les lleva a reírse de sus errores humanos y de sus desastres personales. Los principiantes, por su parte, suelen tomarse demasiado en serio. Por ello es importante que, durante tu sesión meditativa, aprendas a aflojarte y relajarte y a observar también objetivamente todo lo que sucede. Pero eso no podrás lograrlo si te lo tomas todo muy en serio.

Los principiantes, además, albergan expectativas desproporcionadas. Quieren conseguir, en poco tiempo, cosas extraordinarias. Por ello se esfuerzan, se tensan y sudan. Y todo con un gesto adusto y gran solemnidad. Pero, como ese estado de tensión es la antítesis misma de la atención plena, cosechan muy pocos frutos. No es de extrañar entonces que, dado que la meditación no les resulta tan interesante como pensaban ni les proporciona lo que querían, acaben mandándola a paseo. De ahí que el único modo de aprender a meditar y saber hacia dónde conduce consiste en practicarla. Y, como el principiante no se ha ejercitado todavía lo suficiente en este sentido, ignora hacia dónde se dirige.

Las expectativas del principiante son poco realistas y están mal entendidas. El principiante espera de la meditación cosas muy erróneas, expectativas que no solo no le hacen ningún bien, sino que interfieren en su camino. El exceso de esfuerzo desemboca en la rigidez, la infelicidad, la culpabilidad y la condena de uno mismo. Cuando nos esforzamos demasiado, nuestra práctica se torna mecánica, lo que socava, desde el comienzo, la eficacia de la atención plena. Renuncia, por tanto, a todo eso. Abandona toda expectativa y tensión al respecto y dedícate simplemente a meditar con un esfuerzo estable y equilibrado. Disfruta de tu meditación y elude por igual el sudor y las lágrimas. Permanece sencillamente atento. La meditación misma se ocupará del futuro.

Problema 10: el desaliento

El resultado final del esfuerzo excesivo es la frustración. Es imposible, cuando tensas demasiado, llegar a ninguna parte y, cuando te das cuenta de que no avanzas como esperabas, caes en el desaliento y te sientes fracasado. Pero, por más normal que sea este ciclo natural, que se deriva de expectativas poco realistas, también puede evitarse. No obstante, se trata de un problema bastante frecuente que ni los mejores consejos pueden salvar. La solución más adecuada consiste en observar sencilla y claramente, si te sientes desanimado, el estado mental en que te encuentres, sin añadirle ni quitarle nada. Sencillamente obsérvalo. Ten en cuenta que la sensación de fracaso es otra reacción emocional pasajera y que, si te involucras en ella, se alimentará de tu energía y crecerá. Si te colocas, sin embargo, a un lado y persistes en tu observación, acabará pasando.

Resulta especialmente sencillo enfrentarte al problema cuando te sientes desanimado porque percibes algún fallo en tu meditación. Si sientes que tu práctica ha fracasado y que no has conseguido estar atento, presta atención a la sensación de fracaso. De ese modo, lograrás restablecer la atención plena. No existe, en la meditación, posibilidad alguna de fracaso, porque esa sensación se deriva, a fin de cuentas, del recuerdo. Es cierto que pueden aparecer dificultades y contratiempos, pero, a menos que te rindas, el fracaso es imposible. Por más que hayas pasado 20 años sin llegar a ninguna parte, en el momento en que quieras puedes volver a prestar atención. Esa es una decisión estrictamente tuya. Lamentarte no es sino una de las muchas formas que asume la falta de atención. En el mismo instante en que te das cuenta de que no estás prestando atención, ya estás prestando de nuevo atención. Insiste, pues, en el proceso, sin dejar que ninguna reacción emocional te aparte del camino.

Problema 11: la resistencia a la meditación

Hay veces en que parece que uno no tiene deseo alguno de meditar, y hasta la misma idea nos parece aborrecible. Y, aunque saltarte una sesión aislada de práctica no sea importante, puede acabar convirtiéndose en un hábito. Es más inteligente que insistas y te sientes a pesar de la resistencia. Observa el sentimiento de rechazo. La mayor parte de las veces se trata de una emoción pasajera, de un fogonazo que acaba desvaneciéndose y del que, cinco minutos después, no queda el menor rastro. Otras veces, en cambio, puede deberse a un estado de ánimo que, aunque dure más tiempo, acaba también pasando. Es mucho mejor desembarazarse de este estado con 20 o 30 minutos de meditación que arrastrarlo y dejar que arruine el resto de tu jornada. En otras ocasiones, sin embargo, la resistencia se debe a alguna dificultad que tienes con la práctica. Puedes saber o no en qué consiste el problema. En el primer caso, abórdalo con alguna de las técnicas esbozadas en este libro. Entonces verás que, cuando desparece el problema, también lo hace la resistencia. Si desconoces, no obstante, cuál es el problema, tendrás que mostrar más determinación y sentarte a observar con atención la resistencia. Es muy probable que, una vez que esta haya pasado, su origen aflore a la superficie y puedas abordarlo.

Si la resistencia a la meditación es una constante de tu práctica, debes empezar a sospechar que tu actitud no es la más adecuada. La meditación no es un ritual que haya que realizar en una determinada postura. Y tampoco tiene por qué ser un ejercicio doloroso, un periodo de aburrimiento ineludible ni una obligación triste y solemne. La meditación es atención plena, una nueva forma de ver y también una forma de juego. La meditación es nuestra amiga. Cuando aprendas a considerarla de ese modo, la resistencia se desvanecerá como el humo disipado por la brisa veraniega.

Si, pese a haber intentado las posibilidades anteriores, la resistencia persiste, puede haber un problema. El meditador también se enfrenta a ciertos problemas metafísicos que quedan fuera del alcance de este libro. Y, aunque no es común que los principiantes tropiecen con ellos, siempre es posible que tal cosa ocurra. En cualquier caso, no te rindas. Solicita la ayuda, para resolver estos problemas, de un maestro de *vipassana*. Para ello, precisamente, están ese tipo de personas.

Problema 12: embotamiento o estupor

Ya hemos mencionado el fenómeno del embotamiento mental. Pero, como esa es una posibilidad, conviene tenerla muy en cuenta. La profundización de la concentración puede provocar, a modo de indeseado subproducto, un embotamiento mental. En la medida en que la relajación se profundiza, los músculos se relajan y se modifica la transmisión del impulso nervioso, lo que provoca una sensación corporal de intensa calma y ligereza que nos lleva a experimentar una quietud extraordinaria y hasta un alejamiento del cuerpo. Se trata de un estado sumamente placentero en el que nuestra concentración es, al principio, muy buena y está totalmente focalizada en la respiración. Sin embargo, si se prolonga, los sentimientos agradables van intensificándose hasta acabar desviando nuestra atención y alejándola de la respiración. Y, cuando empezamos a disfrutar realmente de esa experiencia, nuestra atención plena se reduce, y nuestra conciencia, dispersa entre nubes de gozo, acaba flotando a la deriva. El resultado de todo ello es un estado de suma distracción, una suerte de estupor extático que solo puede resolverse mediante la atención plena. Observa atentamente ese fenómeno y acabará desapareciendo. Cuando aparezcan sensaciones gozosas, acéptalas. No debes evitarlas, pero tampoco debes dejarte atrapar por ellas. Y, como no son más que sensaciones físicas, trátalas como tales. Observa las sensaciones como meras sensaciones y el embotamiento, como mero embotamiento. Observa sin involucrarte y verás cómo todo emerge y acaba desapareciendo.

Tú, como todo el mundo, tendrás también problemas con la meditación. Puedes considerarlos como espantosos tormentos o como retos que debes superar. En el primero de los casos, solo conseguirás intensificar tu sufrimiento, pero si los contemplas como oportunidades de aprendizaje, tus perspectivas espirituales serán ilimitadas.

11. Enfrentarte a las distracciones I

Todos los meditadores tropiezan, en algún que otro momento de la práctica, con distracciones y necesitan métodos para contrarrestarlas. Son muchas y muy útiles las estrategias diseñadas para recuperar más rápidamente el hilo de la atención que empleando la fuerza de la voluntad. La concentración y la atención plena van de la mano y se complementan, y, si una de ellas se debilita, la otra no tarda en verse afectada. Los malos días suelen caracterizarse por una pobre concentración en la que nuestra mente se limita, simplemente, a ir a la deriva. Necesitamos, pues, algún método que nos permita restablecer la concentración aun en medio de la adversidad. Afortunadamente, este método no solo existe, sino que la tradición nos proporciona, de hecho, un amplio elenco de estrategias entre las que elegir.

Primera estrategia: calcular el tiempo

Ya hemos mencionado esta técnica en un capítulo anterior. Cuando una distracción te aparta de la respiración y caes súbitamente en cuenta de que has estado soñando despierto, la estrategia consiste, en este caso, en distanciarte de lo que haya capturado tu atención, rompiendo el dominio que ejerce sobre ti, hasta que puedas volver a prestar una atención plena a la respiración. Y esto es algo que puedes hacer calculando el tiempo que has estado distraído. No se trata de un cálculo exacto, sino tan solo de una estimación aproximada que puedes medir en minutos o en términos de pensamientos significativos. Repite sencillamente entonces: «llevo aproximadamente un par de minutos distraído», «me he distraído en el momento en que el perro empezó a ladrar», o «he estado distraído desde que empecé a pensar en el dinero». Al comienzo utilizarás el diálogo mental, pero una vez que hayas establecido el hábito, podrás prescindir de las palabras, porque la acción será muy rápida y no las requerirá. No olvides que la idea consiste en superar la distracción para volver a la respiración. Deshazte del pensamiento en cuestión convirtiéndolo en objeto de investigación solo el tiempo que necesites para hacerte una idea de su duración aproximada. El tiempo en sí no es lo importante. Una vez que te hayas liberado de la distracción debes olvidarlo todo y regresar a la respiración. No te quedes atrapado en el cálculo.

Segunda estrategia: respirar profundamente

Casi siempre es posible, cuando tu mente está agitada y fuera de control, recuperar la atención plena realizando unas cuantas respiraciones rápidas y profundas. Inspirar y expulsar el aire con fuerza intensifica la sensación en el interior de tus fosas nasales y facilita la concentración. Utiliza el poder de tu voluntad para fortalecer tu atención. De ese modo, conseguirás aumentar tu concentración y es muy probable que tu atención regrese entonces amablemente a la respiración.

Tercera estrategia: contar

Contar el paso de las respiraciones es un procedimiento tradicional. Algunas escuelas enseñan esta actividad como su método principal. En la tradición *vipassana*, sin embargo, la utilizamos como técnica auxiliar para restablecer la atención plena y fortalecer la concentración. Son varios, como explicamos en el capítulo 5, los métodos para contar las respiraciones, pero no olvides que tu atención debe permanecer centrada en ella. Es muy probable que, después de haber contado, adviertas algún cambio. La respiración, por ejemplo, puede enlentecerse o tornarse muy ligera y sutil, un claro indicio fisiológico de que se ha restablecido la concentración. En este punto, la respiración suele ser tan ligera o tan rápida y suave que quizás no puedas distinguir claramente la inspiración de la espiración. Ambas parecen fundirse, en cuyo caso puedes contabilizarlas como un solo ciclo. Sigue contando durante cinco respiraciones y vuelve luego a comenzar. Si contar se convierte en una molestia, da un paso adelante y, olvidándote de los números y de los conceptos de inspiración y espiración, sumérgete sencillamente en la sensación pura de la respiración. Entonces, la inspiración se funde con la espiración, y una respiración se mezcla con la siguiente en un ciclo fluido y constante.

Cuarta estrategia: el método dentro-fuera

Esta es una técnica alternativa al conteo que funciona aproximadamente del mismo modo. Dirige tu atención a la respiración y etiqueta mentalmente cada ciclo con las palabras "inspiración... espiración" o bien "dentro... fuera". Sigue con ese proceso hasta que dejes de necesitar esos conceptos y puedas abandonarlos.

Quinta estrategia: contrarrestar un pensamiento con otro

Hay pensamientos que, sencillamente, no desaparecen. Uno de los principales problemas que tenemos los seres humanos son nuestras obsesiones. Tendemos a quedarnos atrapados en cosas como fantasías sexuales, preocupaciones y ambiciones y nos pasamos años alimentando esos complejos pensamientos, ejercitándolos de continuo y jugando con ellos a cada instante. Luego, cuando nos sentamos a meditar, pretendemos que se vayan y nos dejen tranquilos. Pero no es de extrañar que entonces no nos obedezcan. Los pensamientos obsesivos requieren un abordaje directo, un ataque frontal a gran escala.

La psicología budista ha desarrollado su propio sistema de clasificación. En lugar de dividir los pensamientos entre "buenos" y "malos", los budistas prefieren hacerlo en categorías como "útiles" e "inútiles". Los pensamientos inútiles son aquellos que están conectados con la avaricia, el odio o el engaño, es decir, el tipo de pensamientos que la mente convierte más fácilmente en obsesiones. Son inútiles en el sentido de que nos alejan de la meta de la liberación. Los pensamientos útiles, por el contrario, están conectados con cosas tales como la generosidad, la compasión y la sabiduría. Y resultan útiles en el sentido de que pueden ser utilizados como remedios concretos para combatir los pensamientos inútiles y pueden, en consecuencia, ayudarnos a avanzar hacia la liberación.

La liberación no es un estado basado en nuestros pensamientos y no podemos, en consecuencia, condicionarlo. Y tampoco podemos condicionar las cualidades personales producidas por la liberación. Aunque los pensamientos benévolos puedan generar una apariencia de bondad, no son la realidad y se rompen apenas se ven sometidos a presión. Los pensamientos compasivos, del mismo modo, solo dan lugar a una compasión superficial. Por eso los pensamientos útiles, en sí mismos, no te liberarán de la trampa. Solo son útiles cuando se emplean como antídotos contra el veneno de los pensamientos inútiles. De manera parecida, los pensamientos de generosidad pueden sortear provisionalmente los pensamientos de codicia, ocultándolos bajo la alfombra el tiempo suficiente para que la atención plena opere sin interferencias. Y, cuando la atención impregna hasta las mismas raíces del proceso egoico, la codicia puede evaporarse y emerger la auténtica generosidad.

Este es un principio que puedes aplicar cotidianamente a tu propia meditación. Si te molesta un determinado tipo de obsesión, puedes contrarrestarla generando su opuesto. Si, por ejemplo, odias profundamente a Carlos y en tu mente aflora una y otra vez su rostro ceñudo, prueba a dirigir hacia él una corriente de amor y amistad o trata de contemplar sus cualidades positivas. Es muy probable que, de ese modo, te deshagas de la imagen mental apremiante. Luego puedes seguir con el trabajo de la meditación.

Pero hay veces, sin embargo, en las que la obsesión es tan poderosa que esta táctica, por sí sola, no surte efecto. Por este motivo, antes de poder contrarrestarla con éxito debes empezar debilitando el poder que tiene sobre ti. Aquí es donde la culpabilidad, una de las emociones más ineficaces del ser humano, sirve finalmente para algo. Observa bien la respuesta emocional de la que tratas de desembarazarte. Pondérala cuidadosamente y mira cómo te hace sentir. Date cuenta de cuáles son los efectos que tiene sobre tu vida, tu felicidad, tu salud y tus relaciones. Trata de ver cómo te hace aparecer ante los demás. Observa la forma en que obstaculiza tu avance hacia la liberación. Las escrituras pali nos instan a hacer esto de un modo exhaustivo, aconsejándonos cultivar la misma sensación de disgusto y vergüenza que experimentaríamos si nos viésemos obligados a caminar con el cadáver, colgado de nuestro cuello, de un animal medio podrido. Lo que, de ese modo, se busca es llegar a experimentar una verdadera repugnancia. Aunque este procedimiento puede, por sí solo, resolver el problema, si percibes algún resto de tu obsesión, trata de contrarrestarlo generando, una vez más, la emoción opuesta.

Los pensamientos de codicia abarcan todo el espectro del deseo, desde la avaricia pura y dura hacia los bienes materiales, hasta la necesidad sutil de ser respetado como una persona íntegra. Por su parte, los pensamientos de odio abarcan el espectro que va desde el pequeño enfado hasta la ira homicida. La ilusión, por último, va desde las meras fantasías a las auténticas alucinaciones. La generosidad contrarresta la avaricia, y la benevolencia y la compasión ponen fin al odio. Si te detienes a pensar un poco en ello, puedes encontrar un antídoto concreto para cualquier pensamiento perturbador.

Sexta estrategia: recordar tu propósito

Hay ocasiones en que irrumpen, en nuestra mente, pensamientos aparentemente aleatorios. Palabras, frases o párrafos enteros afloran entonces desde el inconsciente sin razón aparente alguna. Y es bastante inquietante asistir a la emergencia de objetos e imágenes que acaban desapareciendo. La mente parece una bandera ondeando al viento o el oleaje de un mar embravecido. A menudo, en tales momentos basta con recordar la razón por la que estás aquí. Puedes decirte, por ejemplo: «No me he sentado a perder el tiempo con estos pensamientos. Estoy aquí para centrar mi atención en la respiración, un factor universal y común a todos los seres vivos». A veces tu mente se asentará, antes incluso de haber concluido la frase, mientras que otras, sin embargo, deberás repetirla varias veces antes de poder volver a centrar tu atención en la respiración.

Todas estas técnicas pueden ser utilizadas de manera aislada o combinada. Adecuadamente empleadas constituyen un arsenal muy eficaz en tu batalla contra la mente del mono.

12. Enfrentarte a las distracciones II

Ahí estás meditando, con el cuerpo inmóvil y la mente quieta. Tu único movimiento es el de seguir el flujo de la respiración: dentro, fuera, dentro, fuera... Te sientes tranquilo, sereno y concentrado. Todo está bien cuando, de repente, aflora en tu mente algo extraño como, por ejemplo: «¡Quiero un helado!». Se trata, obviamente, de una distracción. Eso no es lo que se supone que deberías estar haciendo. Y, cuando te das cuenta de ello, vuelves de nuevo a la respiración, restableces su tranquilo discurrir: dentro, fuera, dentro... hasta que irrumpe una nueva distracción como, por ejemplo: «¿Ahora no recuerdo si he pagado o no la factura de gas de este mes?». Te das cuenta de la distracción y vuelves otra vez a la respiración: dentro, fuera, dentro, fuera, dentro... «Acaban de estrenar una nueva película de ciencia ficción. Quizás pueda verla el martes por la noche. No, el martes no, porque el miércoles tengo mucho trabajo. Será mejor que vaya el jueves.» Otra distracción de la que también acabas zafándote y, apenas vuelves a la respiración, escuchas, desde el interior de tu cabeza, una vocecilla que dice: «¡Uf! ¡Cómo me duele la espalda!». Y así sucesivamente, distracción tras distracción, en un desfile aparentemente interminable.

Todo un problema, pero lo cierto es que así son las cosas. Estas distracciones constituyen, de hecho, el meollo de la cuestión. La clave consiste en aprender a enfrentarnos a este tipo de cosas y reconocerlas sin quedarnos, no obstante, atrapados en ellas. Para eso precisamente estamos aquí. Por más desagradable que sea, esta forma de divagación es la modalidad normal de funcionamiento de la mente. No pienses en ella como si se tratara de un enemigo. Esa es la realidad, lo primero que debes admitir cuando quieres cambiar algo.

Cuando empieces a sentarte para concentrarte en la respiración, te sorprenderá descubrir lo ocupada que está tu mente. La mente salta, avanza, gira y retrocede bruscamente. Se persigue a sí misma dando vueltas y más vueltas. Parlotea, piensa, fantasea y sueña. No te molestes por ello, porque es algo natural. Observa simplemente, cuando tu mente se aparte del objeto de meditación, esa distracción con atención.

Cuando, durante la meditación de la visión profunda, hablamos de distracciones estamos refiriéndonos a cualquier preocupación que aparte nuestra mente de la respiración. Y esto nos sirve para poner de relieve una nueva e importante regla de la meditación: cuando aparece un estado mental lo suficientemente poderoso como para distraerte del objeto de meditación, dirige brevemente tu atención hacia esa distracción, convirtiéndola de manera provisional en tu objeto de meditación. Pero no olvides que debes hacerlo de manera *provisional*. Esto es muy importante. Yo no te pido que cambies de caballo a mitad del río. No espero que, cada tres segundos, adoptes un nuevo objeto de meditación. Tu foco primordial debe estar en la respiración. Solo debes prestar atención a la distracción el tiempo necesario para advertir ciertos detalles concretos como, por ejemplo, ¿qué es?, ¿cuán fuerte es? o ¿cuánto tiempo dura?

Apenas respondas silenciosamente a esas preguntas habrás concluido tu examen de la distracción y volverás a prestar atención a la respiración. Y no te olvides, en este caso, de la importancia de hacerlo *silenciosamente*. No entiendas, pues, este tipo de preguntas como una invitación para intensificar el diálogo interno, porque eso te llevaría precisamente en la dirección equivocada, es decir, hacia la proliferación de los pensamientos. Lo que queremos, muy al contrario, es que te alejes de los pensamientos y regreses a la experiencia directa, más allá de las palabras y los conceptos, de la respiración. Estas preguntas no están concebidas para que te estanques más en ellas, sino para que te liberes de las distracciones y tengas una comprensión de su naturaleza. Te ayudan a sintonizar con lo que te distrae y a librarte, al mismo tiempo, de ello.

Pero esto suscita un problema porque cuando, en tu mente, emerge una distracción o cualquier estado mental, florece primero en el inconsciente y solo luego emerge en la conciencia. Esa fracción de segundo es realmente importante, porque nos proporciona el tiempo necesario para darnos cuenta de lo que está ocurriendo. El apego ocurre de manera instantánea y se origina en el inconsciente. En el momento, pues, en que el apego aparece en el nivel del reconocimiento consciente, ya hemos empezado a adherirnos a él. Lo más natural, para nosotros, consiste sencillamente en seguir este proceso e ir sumiéndonos cada vez más en la distracción. A esas alturas, ya no nos limitamos a observar atentamente el pensamiento, sino que estamos pensando descaradamente en él. El hecho de que la secuencia entera suceda en un instante supone un problema añadido. Por eso, en el momento en que somos conscientes de una distracción, ya estamos, en cierto modo, atrapados en ella.

Nuestras tres preguntas –¿qué es eso?, ¿cuán poderoso es? y ¿cuánto tiempo dura?– constituyen un remedio inteligente para esta enfermedad concreta. Para responder a estas preguntas tenemos que determinar la cualidad de la distracción, y, para hacerlo, debemos distanciarnos de ella, dar mentalmente un paso atrás, desidentificarnos de la distracción y contemplarla objetivamente. Tenemos, en suma, que dejar de pensar el pensamiento o de sentir el sentimiento y empezar a contemplarlo como un objeto de investigación. Este proceso es, en sí mismo, un ejercicio de *atención plena* y de conciencia desapegada y neutral. Así, romperemos el poder de la distracción y la atención plena recuperará el control. En este punto, la atención efectúa una suave transición de vuelta a su foco primario, y podrás centrarte nuevamente en la respiración.

Cuando, al comienzo, empieces a practicar esta técnica, probablemente tengas que ayudarte con palabras. Plantearás tus preguntas con palabras y también responderás verbalmente a ellas. No pasará mucho tiempo, sin embargo, antes de que puedas prescindir completamente del formalismo verbal. Una vez asentado ese hábito mental, simplemente advertirás la distracción y sus cualidades y retornarás a la respiración. Se trata de un proceso no conceptual y muy rápido. La distracción puede consistir en cualquier cosa, desde un sonido hasta una sensación, una emoción, una fantasía, etcétera. Pero, sea como fuere, no te empeñes en reprimirla. No trates de sacarla de tu mente. No hay necesidad de ello. Obsérvala conscientemente con la atención pura. Examina la distracción sin palabras y acabará desapareciendo. Entonces descubrirás que la atención vuelve sin esfuerzo, por sí sola, a la respiración. No te culpabilices por haberte distraído. Las distracciones son naturales. Vienen y van. Considera también natural si, a pesar de este consejo, descubres que sigues culpándote. Observa entonces simplemente el proceso como si se tratara de otra distracción y vuelve a la respiración.

Observa ahora la secuencia de acontecimientos: respiración, respiración, emergencia de un pensamiento de distracción y frustración correspondiente, condena posterior por haberte distraído y regreso, cuando cobras conciencia de ella, a la respiración, respiración y otra respiración. Se trata de un ciclo natural que, adecuadamente realizado, discurre con toda suavidad. Todo descansa, de hecho, en la paciencia. Todo resulta, si aprendes a observar las distracciones sin involucrarte en ellas, muy sencillo porque te deslizarás sobre la distracción y tu atención regresará rápidamente a la respiración. Por supuesto, esa misma distracción puede aparecer en el momento siguiente. En ese caso, solo tienes que seguir observándola con plena atención. Si se trata, sin embargo, de un viejo y arraigado hábito de pensamiento, puede transcurrir mucho tiempo, años incluso, antes de que eso ocurra. No te alteres por ello porque eso también es natural. Observa sencillamente la distracción y regresa a la respiración. No luches contra los pensamientos que te distraen. No te tenses ni forcejees. Es un despilfarro. Cada gramo de energía que ejerces contra esa resistencia se ve absorbido por el complejo del pensamiento fortaleciéndolo todavía más. No te empeñes, pues, en sacar a la fuerza de tu mente esos pensamientos, porque esa es una batalla imposible de ganar. Solo tienes que observar atentamente las distracciones y acabarán desapareciendo. Es muy extraño, pero cuanta más atentamente contemplas esas perturbaciones, más se debilitan. Y, cuando las observas el tiempo suficiente, desaparecen para siempre. Obsérvalas, pues, con desapego y verás cómo acaban marchitándose.

Del mismo modo que el experto en armamento es capaz de desactivar una bomba, la atención plena o mindfulness permite desactivar las distracciones. Basta con una simple mirada para desactivar entonces las distracciones más débiles que, iluminadas por el resplandor de la conciencia, se esfuman para no regresar. Pero las pautas de pensamiento más habituales y profundamente arraigadas requieren, independientemente del tiempo que invirtamos en liberarnos de su dominio, la aplicación continua y reiterada de la atención plena. En realidad, las distracciones son tigres de papel que carecen, en sí mismas, de poder y necesitan ser continuamente alimentadas porque, en caso contrario, mueren. Por eso, cuando nos negamos a alimentarlas con nuestro miedo, la ira y la codicia acaban desvaneciéndose.

La atención plena constituye el elemento más importante de la meditación, el principal de los factores que tratamos de cultivar. No hay, pues, necesidad alguna de luchar contra las distracciones, porque lo más importante no es controlar lo que ocurre, sino prestarle la adecuada atención. Recuerda que, comparada con la atención pura, la concentración es una herramienta secundaria. No existe nada que, desde el punto de vista de la atención plena, sea una distracción, porque todo lo que aflora en la mente es contemplado como una oportunidad para el cultivo de la atención. Recuerda asimismo que, si bien la respiración es un objeto arbitrario que utilizamos como foco principal de atención, también empleamos las distracciones como objetos secundarios. La distracción forma parte, como la respiración, de la realidad. Poca diferencia existe, de hecho, entre este o aquel objeto de atención. Da lo mismo, desde esa perspectiva, prestar atención con una concentración poderosa a una mente en reposo que prestar atención, con una concentración débil, a una mente que está en completo desorden. Todo forma parte de la atención plena. Permanece atento, y la concentración aparecerá de manera natural.

La meditación no aspira a concentrarnos sin interrupciones y para siempre en la respiración. Ese sería, por sí solo, un logro inútil. Y su propósito tampoco es el de alcanzar un estado mental de perfecta quietud y serenidad. Por más que se trate de un estado hermoso no conduce, por sí mismo, a la liberación. El objetivo de la meditación es el de alcanzar una atención plena e ininterrumpida. Solo la atención plena conduce a la iluminación.

Existen distracciones de todos los tamaños, formas y sabores que la filosofía budista ha clasificado en diferentes categorías. Una de ellas es la categoría de los obstáculos. Se denominan de ese modo porque impiden el desarrollo de los dos componentes fundamentales de la meditación, la atención plena y la concentración. Sin embargo, debemos usar la palabra con cierta cautela, porque que el término "obstáculo" posee una connotación negativa. Porque, si bien se trata de estados mentales que queremos erradicar, ello no implica, no obstante, que debamos reprimirlos, eludirlos ni condenarlos.

Veamos, por ejemplo, el caso de la codicia. Queremos evitar prolongar cualquier estado de codicia que aparezca, porque su continuidad nos ata a la esclavitud y el sufrimiento. Pero ello no implica que, cuando aparezca el pensamiento, debamos eliminarlo de nuestra mente, sino que tan solo dejamos que vaya y venga a su antojo sin alimentarlo. Cuando contemplamos la codicia con la atención pura, no establecemos juicio de valor alguno, simplemente nos distanciamos de ella y observamos su emergencia. De ese modo, podemos observar, de comienzo a fin, toda su dinámica. No la favorecemos, pero tampoco la impedimos ni interferimos con ella, sino que, con independencia de su duración, aprendemos todo lo que tenga que enseñarnos, dándonos cuenta de la forma en que nos perturba y perturba a los demás. Así es como nos damos cuenta de la forma en que la codicia nos deja continuamente insatisfechos y sumidos en un estado de completa carencia. Esa experiencia de primera mano nos ayuda a entender, desde un nivel visceral, que el egoísmo es una forma inadecuada de gobernar nuestra vida. Y no hay absolutamente nada teórico en este tipo de comprensión.

Este es el modo en que debemos enfrentarnos a todos los obstáculos. Analicémoslos ahora individualmente.

Deseo

Supongamos que lo que te distrae es una hermosa experiencia meditativa. Quizás se trate de una fantasía placentera o de un sentimiento de orgullo. Tal vez se trate de un sentimiento de autoestima, de un pensamiento amoroso o hasta de una sensación física de gozo. Sea lo que fuere, lo que sigue es un estado de deseo de obtener aquello que estás pensando o de prolongar la experiencia que estás teniendo. Independientemente, sin embargo, de la naturaleza del deseo, debes afrontarlo dándote cuenta de cómo se origina el pensamiento o la sensación y de cómo cobras conciencia separada del estado mental de deseo que lo acompaña. Date también cuenta de su magnitud y de su intensidad. Date luego cuenta del tiempo que dura y el momento en que desaparece. Y vuelve, cuando todo concluya, a prestar atención a la respiración.

Aversión

Supongamos ahora que lo que te distrae es una experiencia negativa. Quizás se trate de algo que temes, de una preocupación insistente o de una sensación de culpabilidad, depresión o dolor. Con independencia, no obstante, de cuál sea la substancia real del pensamiento o sensación, te empeñas en rechazarlo, reprimirlo, evitarlo, resistirte o negarlo. El procedimiento recomendado en tal caso es básicamente el mismo que en el caso anterior. Observa la emergencia del pensamiento o de la sensación. Date cuenta del estado de rechazo que lo acompaña. Evalúa la magnitud e intensidad de dicho rechazo. Observa luego el tiempo que dura y el momento en que desaparece. Vuelve finalmente a prestar atención a la respiración.

Embotamiento

Son varios los grados o intensidades del embotamiento, que van desde el leve sopor hasta el más profundo letargo. Y hay que decir que, en este caso, no estamos refiriéndonos a un estado físico, sino mental. La somnolencia o fatiga física es algo bastante diferente de lo que el sistema budista de clasificación consideraría como una sensación física. El embotamiento mental, sin embargo, está estrechamente ligado a la aversión, puesto que es una de las formas en que la mente elude las cuestiones que le resultan desagradables. El embotamiento no es una pérdida de la agudeza sensorial y cognitiva, sino una especie de desconexión del aparato mental. Es una estupidez forzada que parece, superficialmente, deberse al sueño.

El embotamiento puede resultar difícil de abordar, porque su presencia se opone al uso de la atención plena y es casi lo contrario de la atención. También la atención plena, no obstante, constituye la cura para el presente obstáculo, y su abordaje no difiere de los anteriormente mencionados. De lo que se trata es de advertir, apenas emerge, el estado de embotamiento, de valorar su magnitud y grado y de observar el instante en que aparece, el tiempo que dura y el momento en que se desvanece. La única salvedad que, al respecto, conviene hacer es subrayar la importancia que, en este caso, tiene percibir cuanto antes el fenómeno. Debes captarlo en su misma concepción y aplicar, desde el primer momento, una dosis generosa de conciencia pura. Si permites que tome la iniciativa, su desarrollo probablemente acaba superando tu poder de atención. Y, cuando nos vence el embotamiento, caemos en el letargo y hasta en el sueño.

Agitación

Los estados de inquietud y preocupación son expresiones de la agitación mental. En tal caso, tu mente no deja de revolotear y se niega a fijarse en cosa alguna. Es posible que dé vueltas obsesivamente a las mismas cuestiones. Pero, aun en ese caso, el principal componente es la sensación de inquietud. La mente se niega a centrarse en algo y salta continuamente de una cosa a otra. El remedio para esta condición es la mencionada secuencia básica. La inquietud impregna nuestra conciencia de cierto sabor o textura. Con independencia, sin embargo, del modo en que la llamemos, esa sensación de inquietud siempre está presente. Búscala y, cuando cobres conciencia de ella, advierte cómo se presenta. Luego observa el momento en que surge, cuánto tiempo dura y el momento en que se desvanece. Deja finalmente que tu atención vuelva a la respiración.

Duda

La duda también tiñe la conciencia con su propia cualidad distintiva que los textos pali describen con todo lujo de detalles. Es como la sensación de alguien que, en mitad del desierto, llega a un cruce de caminos no señalizado. ¿Qué dirección debe entonces seguir? Y, como no tiene modo alguno de averiguarlo, se queda sencillamente atrapado en la incertidumbre. Una de las formas más habituales que, en la meditación, asume la duda es la de un diálogo interno semejante al siguiente: «¿Qué estoy haciendo sentado de este modo? ¿Me sirve acaso de algo? Seguro que sí. Esto es bueno para mí. El libro lo aseguraba. No, la verdad es que es una locura y una pérdida de tiempo. Pero no me rendiré. Dije que iba a meditar y voy a hacerlo. ¿Estaré siendo demasiado obstinado? No lo sé. Sencillamente no lo sé». No caigas, pues, en esa trampa. Ese no es más que otro obstáculo, otra de las pequeñas cortinas de humo tendidas por la mente a fin de impedirte prestar atención a lo que ocurre. Para enfrentarte a la duda, simplemente tienes que cobrar conciencia de dicho estado mental, sin quedar atrapado en él, como un objeto de investigación. Distánciate de él y obsérvalo. Observa cuándo aparece y cuánto tiempo permanece. Y finalmente observa, antes de volver a prestar atención a la respiración, cómo se desvanece.

Esta es la pauta general con la que debes enfrentarte a cualquier distracción que se presente. Recuerda que las distracciones son los estados mentales que interfieren con tu meditación. Hay estados negativos –como la inseguridad, el miedo, la ira, la depresión, la irritación y la frustración– bastante fáciles de percibir, pero otros son muy sutiles y puede ser interesante enumerarlos. El anhelo y el deseo, por ejemplo, pueden estar vinculados a cosas que normalmente consideramos nobles o virtuosas. Puedes, por ejemplo, experimentar el deseo de perfeccionarte a ti mismo, sentir el anhelo de una mayor virtud y hasta desarrollar apego hacia el gozo proporcionado por la experiencia meditativa. Y, aunque es un poco difícil distanciarse de tan nobles sentimientos, debes tener en cuenta que, a la postre, no son sino otra de las formas asumidas por la codicia. No son más que un deseo de gratificación y de ignorar la realidad del momento presente.

Los más problemáticos de todos, no obstante, son los estados mentales realmente positivos que emergen sigilosamente durante la meditación como, por ejemplo, la felicidad, la paz, la satisfacción interior, la simpatía y la compasión hacia todos los seres sin excepción. Se trata de estados mentales tan dulces y positivos que apenas si puedes admitir la necesidad de desembarazarte de ellos porque, en tal caso, te sientes como un traidor a la humanidad. Pero no hay necesidad alguna de que te sientas de ese modo. No estamos aconsejándote que rechaces esos estados mentales, ni que te conviertas en un autómata despojado de sentimientos. Lo único que te pedimos es que los veas como lo que son, es decir, como estados mentales que vienen y van y acaban yéndose tal como han llegado. Y, cuanto más perseveres en tu meditación, con más frecuencia aparecerán. El asunto consiste en no apegarte a ellos. Observa sencillamente el momento en que aparecen, observa cómo son, cuánto poder tienen y el tiempo que perduran y, luego, observa también cómo desaparecen. No son sino un aspecto más del escenario provisional de nuestro universo mental.

Los estados mentales, igual que la respiración, discurren en etapas diferentes. Tanto unos como otros tienen un nacimiento, un desarrollo y un declive. Deberías esforzarte, por más difícil que te resulte, en diferenciar claramente estas etapas. Como ya hemos dicho anteriormente, los pensamientos y las sensaciones se originan en la región inconsciente de la mente y solo luego emergen en la conciencia. Por lo general, nos damos cuenta de ellos una vez que han aparecido y permanecido unos instantes en nuestra conciencia. De hecho, la mayoría de las veces solo advertimos las distracciones cuando han aflojado su dominio y están a punto de desaparecer. Es entonces cuando nos damos súbitamente cuenta de que estábamos en un lugar imaginario, soñando despiertos, fantaseando, etcétera. Pero es evidente que, para entonces, la cadena de eventos ya está demasiado avanzada. Este es un empeño tan difícil como el de tratar de atrapar a un león por la cola. Como hacemos cuando nos enfrentamos a un animal peligroso, debemos acercarnos a los estados mentales de frente. Si somos pacientes, aprenderemos gradualmente a reconocerlos en el momento en que emergen desde los niveles cada vez más profundos de nuestra mente inconsciente.

Dado que los estados mentales se originan en el inconsciente, deberás, para advertir su emergencia, expandir tu conciencia hasta el dominio de lo inconsciente. Esta no es tarea fácil, porque no puedes ver lo que está sucediendo en esos dominios, al menos no del mismo modo en que ves los pensamientos conscientes. Sin embargo, puedes aprender a obtener una difusa percepción del movimiento y a operar mediante una suerte de sentido mental del tacto. Esta es una capacidad que se adquiere con la práctica y otro de los efectos que, sobre la concentración, tiene la calma profunda. La concentración enlentece la aparición de los estados mentales, proporcionándonos el tiempo necesario para captar su emergencia desde el inconsciente antes incluso de poder percibirlos en la conciencia. La concentración nos ayuda, pues, a sumergir nuestra conciencia en esa bullente oscuridad en la que se originan los pensamientos y las sensaciones.

En la medida en que nuestra concentración se profundiza, vamos adquiriendo la capacidad de asistir a la lenta emergencia de los pensamientos y las sensaciones, como burbujas separadas, cada una de ellas distinta e independiente del resto, que ascienden a cámara lenta desde el inconsciente, permanecen brevemente en la mente consciente y acaban desvaneciéndose.

La aplicación de la conciencia a los estados mentales es una operación de precisión, algo que resulta especialmente cierto en el caso de los sentimientos y las sensaciones. Es muy fácil sobrevalorar las sensaciones, es decir, añadirles algo a lo que realmente son. Pero igualmente sencillo es quedarse corto y captar solamente una parte de ellas. El ideal al que aspiramos consiste en experimentar completamente cada estado mental tal cual es, sin añadirle ni quitarle nada. Pongamos, como ejemplo, el caso de un dolor en la pierna. Lo único que hay realmente es una sensación pura y fluida que cambia de continuo instante tras instante, que nunca es la misma y cuya intensidad aumenta o disminuye. El dolor no es una cosa, sino un evento al que no deberíamos agregar ni asociar otro concepto. La pura conciencia sin obstrucción alguna de ese evento nos permite experimentarlo simplemente como una pauta fluida de energía. Eso es todo. Sin pensamiento ni rechazo alguno, solo pura energía.

No pasa mucho tiempo en nuestra práctica meditativa sin que nos veamos obligados a reconsiderar nuestras suposiciones con respecto a la conceptualización. La mayoría de nosotros hemos cosechado más o menos éxito en la escuela y en la vida gracias a nuestra capacidad de manipular lógica y conceptualmente los fenómenos mentales. Por ello consideramos que nuestra carrera, buena parte del éxito en nuestra vida cotidiana y de la felicidad de nuestras relaciones dependen, en buena medida, del adecuado manejo de los conceptos. A lo largo del proceso de cultivo de la atención plena, sin embargo, suspendemos provisionalmente el proceso de conceptualización y enfocamos nuestra atención en la naturaleza pura de los fenómenos mentales. Es como si, durante la meditación, tratásemos de experimentar la mente en su estado preconceptual.

Pero la mente humana conceptualiza eventos como el dolor y es entonces cuando nos descubrimos pensando en algo como "dolor", lo que no es sino un concepto o una etiqueta añadida a la pura sensación. Elaboramos una imagen mental, una imagen del dolor, dotándola de forma. Podemos llegar incluso a ver una imagen de la pierna con el dolor pintado con un color llamativo. Esto es algo muy creativo y terriblemente entretenido, pero no es lo que queremos, porque esos no son más que conceptos superpuestos a la realidad viva. Lo más probable es que acabemos pensando: «Siento dolor en mi pierna». Ese "mi" es un concepto, algo añadido a la experiencia pura.

La introducción, sin embargo, del "yo" en el proceso abre una brecha y un espacio conceptual entre la realidad y la conciencia que la percibe. Ideas como "yo", "mí" o "mío" no se dan en la conciencia directa, sino que son agregados extraños y engañosos. Cuando el "yo" entra en escena, nos identificamos con el dolor y lo subrayamos. Si, por el contrario, dejamos el "yo" fuera de escena, el dolor ya no será doloroso, sino un puro flujo de energía que, en ocasiones, puede llegar a ser incluso placentero. Si descubres la aparición del yo en tu experiencia del dolor o en cualquier otra sensación, obsérvalo simplemente con plena conciencia. Presta una atención pura al fenómeno de identificación personal con el dolor.

La idea general, sin embargo, es muy simple. Lo que queremos realmente es ver todas las sensaciones –ya sean placenteras, dolorosas o aburridas– y experimentarlas plenamente en su estado natural y no adulterado. Y solo hay un modo de conseguirlo, a través de una sincronización perfecta. Nuestra conciencia de la sensación debe estar exactamente coordinada con su emergencia. Si tardamos un poco más de la cuenta en captarla, nos perderemos su emergencia y no la percibiremos en su totalidad. Si, por el contrario, nos aferramos a una sensación cuando esta ya ha pasado, estaremos aferrándonos a un mero recuerdo y tampoco percibiremos la emergencia de la siguiente sensación. Se trata de una operación muy precisa que nos obliga a fluir con el presente, percibiendo las cosas y abandonándolas sin dilación, algo que requiere una atención muy delicada. Nuestra relación con la sensación nunca debería producirse en el pasado ni en el futuro, sino en el ahora inmediato.

Son muchos y muy inteligentes los métodos desarrollados por la mente humana para conceptualizar los fenómenos. Una simple sensación puede desencadenar en nuestra mente una auténtica explosión de pensamiento conceptual. Consideremos, por ejemplo, el caso de la escucha. Supón que, mientras estás sentado meditando, alguien en el cuarto contiguo rompe un plato. El sonido impacta en tu oído y al instante se esboza, en tu mente, la escena que se desarrolla en el otro cuarto, y es muy probable que también veas a la persona a la que se le ha caído el plato. Si se trata de un entorno familiar –nuestro propio hogar, pongamos por caso–, probablemente obtengamos una película mental tridimensional y hasta en tecnicolor de la persona que rompió el plato e incluso del plato roto. Toda la secuencia discurre instantáneamente por tu conciencia. Emerge del inconsciente de un modo tan brillante, claro y convincente que eclipsa tu visión de todo lo demás. Pero ¿qué ha ocurrido entretanto con la sensación original, con la experiencia pura de la escucha? Ha quedado, desbordada y olvidada, en algún recodo del camino. Así es como acabamos alejándonos de la realidad y adentrándonos en el mundo de la fantasía.

Veamos otro ejemplo. Estás sentado, meditando, cuando un sonido impacta en tu oído. Se trata de un ruido impreciso, de una especie de crujido amortiguado que podría deberse a multitud de cosas. Y lo que ocurre a continuación es, probablemente, algo muy parecido a lo que sigue: «¿Qué ha sido eso? ¿Quién lo hizo? ¿De dónde viene?

¿A qué distancia está? ¿Será peligroso?». Y así sucesivamente, sin más respuestas que las proyectadas por nuestra fantasía.

La conceptualización es un proceso persistente que, penetrando subrepticiamente en tu experiencia, acaba apoderándose de ella. Cuando, durante la meditación, escuchamos un sonido, prestamos atención a la experiencia de la audición. Eso y solamente eso. Lo que sucede es, de hecho, tan simple que suele pasarnos desapercibido. Las ondas sonoras impactan en nuestro oído a determinada frecuencia. Esas ondas se ven traducidas, en el cerebro, a impulsos eléctricos que se presentan, en la conciencia, como una pauta sonora. Eso es todo. No hay imágenes, películas mentales, conceptos ni diálogo interior alguno implicado. Solamente sonido. La realidad es elegantemente sencilla y despojada de adornos. Cuando escuchamos un sonido, cobramos conciencia del proceso de audición. Todo lo demás es palabrería añadida que debemos aprender a dejar de lado. Y lo mismo podríamos decir con respecto a todas las sensaciones, emociones y experiencias que puedan presentarse. Observa detenidamente, pues, tu propia experiencia y excava a través de los diferentes estratos de diálogo mental hasta llegar a descubrir lo que realmente hay en el fondo. Te sorprenderá comprobar lo sencillo y hermoso que es.

Hay veces en las que pueden presentarse simultáneamente varias sensaciones. Puedes tener, al mismo tiempo, un pensamiento de miedo, sentir una punzada en el estómago, un dolor en la espalda y un pinchazo en el lóbulo de la oreja izquierda. No generes, con ello, ningún dilema. No te agites preguntándote a qué debes prestar atención. Solo tienes que abrirte al más intenso de esos fenómenos, el que más clara e insistentemente reclame tu atención. Préstale entonces la suficiente atención y observa cómo se desvanece. Luego regresa a la respiración, y, si aparece otra sensación, déjala pasar y vuelve, cuando concluya, a la respiración.

Este proceso, sin embargo, puede llevarte demasiado lejos. No te sientes a buscar cosas a las que prestar atención. Mantén tu atención en la respiración hasta que aparezca algo que te distraiga. Pero no luches ni te enfrentes a lo que, en tal caso, aparezca. Deja que tu atención fluya naturalmente a la distracción y mantenla ahí hasta que se evapore. Luego regresa a la respiración. No busques otros fenómenos físicos o mentales y vuelve simplemente a la respiración. Deja que vengan a ti. Habrá ocasiones, obviamente, en que caerás en la divagación. No te extrañe descubrir, por más práctica que tengas, que llevas un rato distraído. No te desanimes. Cobra conciencia de que te has distraído y regresa a la respiración. No es necesario que reacciones negativamente. El mero hecho de darte cuenta de que te has distraído es ya un acto de conciencia activa y un ejercicio, en sí mismo, de atención pura y plena.

La atención plena solo se desarrolla con el ejercicio de la atención plena. En este sentido, se asemeja al hecho de ejercitar un músculo. Cada vez que trabajas con él, lo desarrollas y fortaleces. El mero hecho de experimentar la sensación de despertar implica una mejora en tu capacidad atencional, lo que evidencia claramente el avance. Vuelve, sin remordimiento alguno, a la respiración. No obstante, el remordimiento es un reflejo condicionado que, como cualquier otro hábito mental, puede aparecer en cualquier momento. Si descubres que te sientes frustrado, desanimado o te culpas a ti mismo, observa sencillamente la sensación con pura atención. Esa no es más que una nueva distracción. Préstale atención y observa cómo se desvanece para volver luego a la respiración.

Puedes y debes aplicar las reglas que acabamos de exponer a cualquiera de tus estados mentales. Cuando lo hagas, descubrirás que se trata de un consejo muy difícil de seguir, el más duro, de hecho, de todos los trabajos que jamás emprenderás. Entonces descubrirás que, si bien estás relativamente dispuesto a aplicar esta técnica a determinadas áreas de tu experiencia, no lo estás tanto a aplicarla a otras.

La meditación se asemeja a un ácido mental que corroe lentamente todo lo que toca. Los seres humanos somos muy extraños. Nos gusta el sabor de ciertos venenos y seguimos ingiriéndolos obstinadamente aun cuando nos maten. También son venenos los pensamientos a los que tanto nos aferramos. No te extrañes al descubrir que, si bien quieres desembarazarte de determinados pensamientos, también quieres guardar celosamente, al mismo tiempo, otros. Así es la condición humana.

La meditación *vipassana* no es un juego. La clara conciencia es algo más que un pasatiempo placentero. Es un camino que atraviesa y nos saca de la ciénaga de deseos y aversiones en la que estamos enfangados. Resulta relativamente sencillo aplicar la conciencia a los aspectos más sucios de nuestra existencia. Una vez que hemos visto evaporarse el miedo y la depresión bajo el foco ardiente e intenso de la conciencia, queremos repetir ese proceso. No es extraño que queramos desembarazarnos de los estados mentales desagradables que nos molestan. Mucho más difícil, sin embargo, es la tarea de aplicar ese mismo proceso a los estados mentales que más estimamos como, por ejemplo, el patriotismo, el cariño o el amor. Finalmente acabarás dándote cuenta de que los apegos positivos te hunden tanto en el barro como los negativos. La práctica diligente de la meditación *vipassana* nos permite alzarnos lo suficiente sobre el barro como para respirar un poco mejor. La meditación *vipassana* es el camino que conduce al *nibbana*. Y el esfuerzo, según los testimonios de quienes se han esforzado en recorrer el camino que conduce a esa elevada meta, bien merece la pena.

13. Atención plena (*sati*)

"Atención plena" es la traducción castellana del término pali *sati*, que designa una actividad. Pero ¿cuál es su significado exacto? No podemos dar, al menos con palabras, una respuesta exacta. Ten en cuenta que, como las palabras se derivan de los niveles simbólicos de la mente, describen realidades asociadas al pensamiento simbólico. La atención plena, por su parte, al ser presimbólica, no se halla supeditada a la lógica. Sin embargo, la atención plena puede ser experimentada –y hasta cierto punto explicada–, siempre y cuando no olvidemos que las palabras no son la Luna, sino los dedos que la señalan. La experiencia real trasciende los símbolos y queda, por tanto, más allá de las palabras. Por eso, la atención plena o mindfulness podría ser descrita tan correctamente como aquí, con términos completamente diferentes.

La atención plena es un proceso sutil que estamos empleando en este mismo instante; y el hecho de que este proceso resida más allá y por encima de las palabras no lo convierte en algo irreal sino, más bien, todo lo contrario. La atención plena es la realidad que da lugar a las palabras, y, en ese sentido, las palabras que siguen no son más que sombras de la realidad. Es importante, pues, que se entienda que todo lo que vamos a decir a continuación es una analogía que quizás no tenga un sentido perfecto y que siempre quedará más allá de la lógica verbal, aunque siempre tengamos la posibilidad de experimentarlo. La técnica de meditación denominada *vipassana* (visión profunda), enseñada por el Buddha hace aproximadamente 2500 años, reúne un conjunto de actividades mentales específicamente destinadas a experimentar un flujo de atención plena ininterrumpida.

Cuando caemos, por vez primera, en cuenta de algo se produce, poco antes de que empecemos a conceptualizar la experiencia y la identifiquemos, un fogonazo de conciencia pura. Ese estado de conciencia es, por lo general, muy breve, una fracción de segundo que sucede antes de que enfoquemos nuestra mirada y centremos nuestra mente en la cosa y le asignemos mentalmente límites, la separemos del resto de la existencia y la convirtamos en un objeto. Es algo que se produce un momento antes de que nuestra mente empiece a pensar al respecto, antes de que digamos: «¡Ah, pero si se trataba de un perro!». Ese momento de conciencia pura, difusa y fluida es lo que llamamos atención plena. En ese breve instante mental experimentamos la cosa como no cosa, como un fluido y delicado momento de experiencia pura que no se halla separado de la realidad, sino inmerso en ella. La atención plena tiene más que ver con lo que vemos con nuestra visión periférica que con la visión normal o central. Sin embargo, ese momento de conciencia delicada y desenfocada encierra una modalidad de conocimiento muy profunda que se pierde apenas enfocamos nuestra mente y objetivamos el objeto y lo convertimos en una cosa. Durante el proceso de percepción ordinaria, el paso de la atención plena es tan fugaz que resulta prácticamente imperceptible. Hemos desarrollado el hábito de desaprovechar nuestra atención en todos los pasos subsiguientes: enfocar la percepción, etiquetarla y, lo que es más importante, la larga cadena de pensamientos simbólicos que suscita. De ese modo, sin embargo, se pierde el momento original de conciencia. Por ello, el objetivo de la meditación vipassana consiste en aprender a prolongar ese momento original.

Cuando somos capaces de prolongar ese momento de atención plena utilizando, para ello, las técnicas adecuadas, descubrimos que la profundidad de esa experiencia puede modificar por completo nuestra visión del mundo. Sin embargo, ese estado de percepción debe ser aprendido y requiere una práctica regular. Una vez aprendida la técnica constataremos que la atención posee aspectos muy interesantes.

Los rasgos distintivos de la atención plena

La atención es como un espejo que refleja sin distorsiones lo que sucede en el momento presente y el modo exacto en que está sucediendo. La atención plena es una observación sin juicios. Es la capacidad de la mente para observar sin crítica. Mediante esta habilidad vemos las cosas sin juzgarlas ni condenarlas. Nada puede sorprendernos. Simplemente manifestamos un interés ecuánime por las cosas tal cual son en su estado natural. No decidimos ni juzgamos nada, sino que simplemente observamos. Pero no debemos olvidar que, cuando decimos que "no decidimos ni juzgamos", lo que queremos decir es que el meditador observa su experiencia como el científico que investiga un objeto bajo el microscopio sin albergar ideas preconcebidas, sino tratando de ver el objeto exactamente tal cual es. Así es como el meditador reconoce la provisionalidad, insatisfacción y ausencia de yo.

Resulta psicológicamente imposible observar con objetividad lo que sucede en nuestro interior sin aceptar, al mismo tiempo, la existencia en nosotros de diferentes estados mentales, algo aplicable sobre todo a los estados mentales desagradables. Para poder observar nuestro temor debemos empezar aceptando el hecho de que tenemos miedo. Es imposible examinar nuestra depresión sin aceptarla plenamente. Y lo mismo podríamos decir con respecto a la irritación, la agitación, la frustración y todos los estados emocionales desagradables. Resulta imposible examinar algo completamente si tratamos, al mismo tiempo, de rechazar su existencia. Cualquier experiencia es, para la atención plena, otra circunstancia de la vida de la que cobrar conciencia. No existe, en ese estado, orgullo, vergüenza ni nada personal salvo lo que, en ese instante, esté presente.

La atención plena es una observación imparcial que percibe sin tomar partido ni quedarse atrapada en lo que percibe. La atención plena no se encapricha de los estados mentales positivos ni se empeña en alejarse de los estados mentales negativos. La atención plena no se identifica con lo agradable ni trata de eludir lo desagradable, sino que afronta por igual todas las experiencias, todos los pensamientos y todos los sentimientos. La atención plena no reprime ni suprime nada. Se trata de un estado despojado de favoritismos.

La atención plena es un tipo de conciencia no conceptual. Otra expresión castellana para referirse a *sati* es la de "atención pura", que no es pensamiento, ni implica pensamientos ni conceptos ni permanece atrapada tampoco en creencias, opiniones o recuerdos, sino que simplemente observa. La atención plena registra las experiencias, pero no las compara, etiqueta ni clasifica. Todo lo observa como si ocurriese por vez primera. No es un análisis basado en la reflexión y la memoria, sino en la experiencia directa e inmediata –sin mediación de pensamiento y antes de que este aparezca en el proceso de percepción– de lo que está sucediendo.

La atención plena es conciencia del momento presente y tiene lugar aquí y ahora. Es la observación de lo que ocurre en este mismo instante. Permanece siempre en el momento actual, continuamente en la cresta de la ola del discurrir del tiempo. Si recordamos a nuestro profesor de segundo curso, estamos ejercitando la memoria; si cobramos conciencia de que estamos recordando a nuestro maestro de segundo curso, estamos ejercitando la atención plena, y, si conceptualizamos el proceso y decimos «estoy recordando...», estamos ejercitando el pensamiento.

La atención plena es un estado de alerta despojado de ego que ocurre sin referencia alguna al yo y que permite contemplar todos los fenómenos sin depender de conceptos tales como "yo", "mí" y "mío". Si te duele, por ejemplo, la pierna izquierda, la conciencia ordinaria dice: «me duele». Pero cuando aplicas la plena atención, simplemente percibes la sensación como sensación, como tal, sin agregarle noción adicional de "yo". La atención plena impide añadir o sustraer algo a la percepción. No realza esto ni soslaya aquello, sino que simplemente observa, de modo preciso y sin distorsiones, lo que está ocurriendo.

La atención plena es la conciencia del cambio que constata el flujo pasajero de la experiencia. Observa las cosas mientras se transforman, dándose cuenta del nacimiento, desarrollo y maduración de todos los fenómenos y contemplando también su decadencia y muerte. La atención plena observa sin cesar las cosas instante tras instante. Contempla todos los fenómenos –físicos, mentales y emocionales– sin importar lo que ocurra, en ese momento, en la mente. Y, para ello, no hace falta más que acomodarse a contemplar el espectáculo. La atención plena nos permite constatar la naturaleza básica de los fenómenos pasajeros. Y ello significa que vemos el modo en que las cosas afloran y se desvanecen, y que también percibimos cómo nos hacen sentir, cómo reaccionamos a ellas y el modo en que afectan a los demás. En la atención plena, nos convertimos en observadores imparciales cuyo único trabajo consiste en rastrear las escenas que continuamente discurren en nuestro universo interior.

Quisiéramos subrayar el hecho de que, durante la atención plena, observamos nuestro universo interior. El meditador que cultiva la atención plena no se preocupa del universo exterior. Aunque sigue ahí, el campo de estudio es, durante la meditación, nuestra propia experiencia, es decir, nuestros pensamientos, sentimientos y percepciones. Durante la meditación nos convertimos en nuestro propio laboratorio. El universo interior posee una enorme base de datos que contiene el reflejo del mundo exterior, y mucho más. Y la observación de todo ese material acaba conduciendo a la libertad total.

La atención plena es una observación participativa en la que el meditador desempeña simultáneamente los papeles de observador y de participante. Cuando observamos nuestras emociones o nuestras sensaciones físicas, estamos sintiéndolas en el momento presente. La atención plena no es una conciencia intelectual, sino simple conciencia. Pero hasta aquí llega, en este caso, la metáfora del espejo mental porque, si bien la atención plena es objetiva, no tiene nada de fría ni de insensible. Es la experiencia despierta de la vida, la participación en el proceso continuo de la vida.

Resulta muy difícil definir con palabras la atención plena, pero no porque sea muy complicada sino, al contrario, porque es demasiado sencilla y obvia. Y lo mismo sucede con otras áreas de la experiencia humana. Los conceptos más fundamentales son siempre los más difíciles de explicar. La consulta a cualquier diccionario ilustrará claramente que las palabras largas suelen tener definiciones muy sucintas, mientras que los términos más básicos y cortos, como "el" y "ser", por ejemplo, requieren explicaciones mucho más largas. Y, en el ámbito de la física, las funciones más difíciles de describir son también las más básicas, aquellas relacionadas con las realidades fundamentales de la mecánica cuántica. La atención plena es una función presimbólica y, en consecuencia, podemos jugar con símbolos verbales durante horas sin llegar a definirla completamente. Pero, aunque no podamos expresar completamente lo que es, sí que podemos, no obstante, explicar lo que hace.

Tres actividades fundamentales

La atención plena tiene tres actividades fundamentales que bien podríamos utilizar a modo de definiciones operativas: *a*) nos recuerda lo que se supone que estamos haciendo, *b*) ve las cosas como realmente son, y *c*) percibe la verdadera naturaleza de todos los fenómenos. Examinemos ahora con más detenimiento estas definiciones.

La atención plena nos recuerda lo que estamos haciendo

Durante la meditación centramos nuestra atención en un objeto. Cuando nuestra mente se desvía de su foco es la atención plena la que nos recuerda que nuestra mente se ha desviado de lo que se supone que estamos haciendo y la que la redirige hacia el objeto de meditación. Y todo ello sucede de manera instantánea y sin mediación de diálogo interno alguno, puesto que la atención plena no es pensamiento. La práctica repetida de la meditación nos permite asentar esta función como un hábito mental que acaba extendiéndose al resto de nuestra vida. El meditador serio presta una atención pura a lo que sucede de continuo, desde la mañana hasta la noche, ya sea durante los periodos de meditación formal sedente o no. Se trata, pues, de un ideal muy elevado en cuya consecución los meditadores invierten años y hasta décadas. El hábito de quedar atrapados en nuestros pensamientos está muy arraigado y persistirá tenazmente. El único remedio al respecto consiste en ser igualmente perseverantes en el cultivo de la atención plena. Cuando la atención está presente, nos damos cuenta en el momento en que estamos atrapados en nuestros hábitos mentales, y es ese mismo proceso de darnos cuenta el que nos permite distanciarnos del proceso del pensamiento y liberarnos de él. Es entonces cuando la atención plena devuelve nuestra conciencia a su foco correcto. Si, en ese momento, estamos meditando, el foco será el objeto formal de meditación; y en el caso de que no estemos meditando formalmente, se tratará tan solo de una aplicación pura de la atención desnuda, de simplemente darse cuenta de lo que ocurre sin involucrarse en ello: «Ah, ahora surge esto... ahora esto, ahora esto... y ahora esto otro».

La atención plena es, al mismo tiempo, atención pura y un recordatorio de que, cuando dejemos de prestar atención, volvamos a prestarla. La atención pura es un darse cuenta que se restablece cobrando conciencia de que ha estado ausente. Apenas nos damos cuenta de que nos hemos distraído estamos dándonos cuenta y volviendo a prestar una atención pura.

La atención va acompañada de una sensación diferente de conciencia. Del mismo modo que el pensamiento consciente es pesado, lento y muy selectivo, la atención posee un sabor ligero, cristalino y energético. Pero, una vez más, estas son meras palabras. Es tu propia práctica la que te muestra la diferencia que existe entre ambas. En tal caso, las palabras usadas aquí te parecerán superfluas y probablemente apeles, para referirte a ella, a tus propias palabras. Recuerda que lo que realmente importa es la práctica.

La atención plena ve las cosas tal como son

La atención plena no añade ni sustrae nada a la percepción ni tampoco distorsiona nada, es una atención desnuda que observa por igual todo lo que aparece. El pensamiento consciente agrega cosas a nuestra experiencia, nos carga de conceptos e ideas y nos sumerge en un torbellino de planes, preocupaciones, miedos y fantasías. Cuando somos plenamente conscientes de ese juego, no nos prestamos a él, sino que nos limitamos a advertir con detalle lo que aparece en nuestra mente y, después, la siguiente cosa: «Ah, esto... y esto... y ahora esto». Es algo realmente muy simple.

La atención plena ve la verdadera naturaleza de todos los fenómenos

Solo la atención plena es capaz de percibir las tres características principales que, según la enseñanza budista, constituyen la verdad más profunda de la existencia. Esas tres características reciben, en pali, el nombre de *anicca* (provisionalidad), *dukkha* (insatisfacción) y *anatta* (ausencia de yo o ausencia de una entidad permanente e inmutable, denominada alma o yo). Pero la enseñanza budista no nos presenta estas verdades como dogmas que exijan una fe ciega. Los budistas consideran que se trata de verdades universales evidentes para cualquier persona que las investigue adecuadamente. La atención plena es, en este caso, el método de investigación porque solo ella tiene la capacidad de poner de manifiesto el estrato más profundo de la realidad accesible a la observación humana, un nivel de inspección en el que constatamos que: *a*) todas las cosas condicionadas son intrínsecamente transitorias, *b*) todas ellas son, en última instancia, insatisfactorias, y *c*) no son, en realidad, entidades inmutables o permanentes, sino meros procesos.

La atención plena opera como un microscopio electrónico, es decir, se mueve en un nivel tan sutil que nos permite contemplar directamente las realidades que solo son, a lo sumo, construcciones teóricas desde el punto de vista del proceso del pensamiento consciente. La atención plena se da cuenta del carácter impermanente y de la naturaleza transitoria y pasajera de cada percepción y percibe también la naturaleza intrínsecamente insatisfactoria de todas las cosas condicionadas. Ve que no tiene sentido aferrarse a espectáculos provisionales y que no es posible encontrar, de ese modo, la paz y la felicidad. Y la atención plena también ve, por último, la ausencia de identidad de todos los fenómenos, percibiendo el modo en que seleccionamos arbitrariamente un puñado de percepciones, lo separamos del flujo de la experiencia y acabamos conceptualizándolo como entidad independiente y permanente. La atención plena percibe todas esas cosas sin pensar en ellas, sino que simplemente las ve.

Cuando está plenamente establecida, la atención plena percibe, de manera directa, instantánea y sin intervención del pensamiento consciente, las tres características de la existencia. De hecho, hasta las tres características que acabamos de mencionar se hallan indisolublemente unidas y no existen, en realidad, como fenómenos independientes. Solo son el fruto de nuestro esfuerzo por expresar, mediante los torpes e inadecuados símbolos mentales del pensamiento ordinario, el proceso fundamentalmente simple que denominamos atención plena. Pero, si bien la atención plena es un proceso, no se produce por fases, sino de forma holística, como una unidad. En el mismo instante en que nos damos cuenta de nuestra falta de atención, el acto de darnos cuenta es consecuencia de la atención plena, y esta es conciencia pura que percibe sin distorsiones las cosas tal cual son. Y el modo en que son las cosas es transitorio (*anicca*), insatisfactorio (*dukkha*) y despojado de identidad (*anatta*). Todo discurre en el breve intervalo de unos pocos instantes mentales. Pero ello no significa que nuestro primer momento de atención plena nos conduzca instantáneamente a la liberación (es decir, que nos libere de todas las debilidades humanas). Una cosa es aprender a integrar este aspecto en nuestra vida consciente, y otra muy distinta aprender a prolongar el estado de atención plena. Pero son procesos muy gozosos, cuyo logro bien merece un esfuerzo.

La atención plena (*sati*) y la meditación de la visión profunda (*vipassana*)

La atención plena es el núcleo de la meditación vipassana y la clave de todo el proceso. Es tanto el objetivo de esta meditación como el modo de lograrlo. Alcanzamos la atención plena prestando cada vez más atención. Otra palabra pali que puede traducirse, en castellano, como atención es *appamada*, que significa no negligencia o ausencia de locura. De este modo, quien atiende de continuo a lo que realmente ocurre en su mente alcanza el estado de cordura última.

El término pali *sati* también tiene la connotación de memoria, aunque no en el sentido de imágenes y escenas procedentes del pasado, sino de un conocimiento directo y no verbal de lo que es y de lo que no es, de lo que es correcto y de lo que es incorrecto, de lo que estamos haciendo y de cómo debemos proceder al respecto. La atención plena recuerda al meditador que debe focalizar su conciencia en el objeto y el momento adecuado sin ejercer, para llevar a cabo esa actividad, más esfuerzo del requerido. Cuando esa energía se aplica bien, el meditador permanece en un estado continuo de calma y alerta, y mientras persista esa condición, no pueden aparecer los estados mentales denominados "impedimentos" o "agentes irritantes psicológicos" como el odio, la codicia, el deseo y la pereza.

Pero todos somos humanos, y no solo podemos equivocarnos, sino que, de hecho, nos equivocamos muchas veces. A pesar de su sincero esfuerzo, la atención plena del meditador flaquea de vez en cuando, momento en el cual se descubre atrapado en un lamentable, aunque normal, error humano. Es la atención plena la que se percata de ese cambio, y también es ella la que nos recuerda que, para seguir adelante, debemos aplicar la energía requerida. Aunque esos deslices ocurren una y otra vez, su frecuencia decrece con la práctica.

Cuando la atención plena ha eliminado esas impurezas mentales puede reemplazarlas por estados mentales más sanos. Entonces es cuando el odio se ve reemplazado por el amor altruista y el deseo deja paso al desapego. También es la atención plena la que se percata de dicho cambio y recuerda al meditador vipassana que debe mantener la agudeza mental necesaria para mantener los estados mentales más deseables. La atención plena posibilita el desarrollo de la sabiduría y de la compasión que, en ausencia de atención plena, no pueden alcanzar su plena madurez.

Existe un mecanismo profundamente soterrado en la mente que acepta lo que esta percibe como experiencias bellas y placenteras y rechaza las que le parecen feas y dolorosas. En ese mecanismo se halla el origen de los estados mentales –como codicia, deseo, odio, aversión y celos, etcétera– que tratamos de evitar. Pero no elegimos evitar esos impedimentos porque sean malos en el sentido habitual del término, sino porque son compulsivos, atrapan la mente y capturan completamente nuestra atención, encerrándonos en el pensamiento y alejándonos de la realidad viva.

Cuando la atención plena está presente, sin embargo, ese tipo de obstáculos no puede aparecer. La atención plena es conciencia de la realidad del momento presente y diametralmente opuesta, en consecuencia, al estado de embotamiento mental que caracteriza a los impedimentos. Los mecanismos profundos de apego, identificación y rechazo solo pueden asumir el control de nuestra mente cuando permitimos, durante la meditación, que nuestra atención se debilite. Entonces es cuando aparece la resistencia y nuestra conciencia se oscurece. No nos percatamos de que ha ocurrido un cambio porque estamos demasiado ocupados con nuestros pensamientos de venganza, codicia o lo que sea. Pero, si bien la persona no entrenada se mantiene indefinidamente en ese estado, el meditador avezado no tardará en darse cuenta de lo que ocurre. Es la atención plena la que se percata de ese cambio. Es ella la que le recuerda el entrenamiento recibido y la que enfoca de nuevo su atención para poner fin a la confusión. Y también es la atención plena la que trata luego de mantenerse indefinidamente para que la resistencia no pueda aparecer de nuevo. La atención plena es, pues, el antídoto concreto, medicina y remedio preventivo que sirve para superar todos los obstáculos.

Una vez desarrollada, la atención plena es un estado de no apego absoluto y de completa ausencia de identificación con cualquier cosa de este mundo. Si mantenemos ese estado, no necesitaremos método ni procedimiento para liberarnos de los obstáculos y de las debilidades humanas. La atención plena es una conciencia no superficial que ve las cosas profundamente, muy por debajo del nivel de los conceptos y las opiniones. Este tipo de observación profunda conduce a la certeza total y a la ausencia completa de confusión y se manifiesta principalmente como una conciencia constante e inmutable que nunca flaquea ni huye de nada.

Esta conciencia pura y sin mácula, no solo mantiene a raya los obstáculos mentales, sino que deja también al descubierto y destruye el mecanismo que los origina. Y, como la atención neutraliza los obstáculos mentales, el resultado es una mente limpia e invulnerable que puede enfrentarse con ecuanimidad a los altibajos que la vida nos depara.

14. Atención plena frente a concentración

La meditación vipassana es un acto de equilibrio mental que nos permite cultivar dos cualidades diferentes –la atención plena y la concentración– que, en condiciones ideales, trabajan en equipo formando, por así decirlo, un tándem. Es muy importante que las cultivemos de manera simultánea y equilibrada porque, si potenciamos una de ellas a expensas de la otra, nuestra mente perderá el equilibro y la meditación resultará imposible.

La concentración y la atención plena son dos funciones claramente diferentes que desempeñan un papel distinto en la meditación y cuya relación es muy concreta y delicada. La concentración también suele recibir el nombre de "unidireccionalidad" y consiste en forzar la mente a permanecer centrada en un punto.

Debemos llamar la atención sobre la palabra "forzar". La concentración es una actividad forzada que se desarrolla mediante la fuerza, por el mero ejercicio de una voluntad inquebrantable. Y, una vez desarrollada, sigue conservando ese sabor a fuerza. La atención plena, por el contrario, es una función delicada que posibilita el desarrollo de la sensibilidad. Ambas deben, durante el trabajo meditativo, trabajar juntas. La atención plena aporta la sensibilidad necesaria para darnos cuenta de las cosas, mientras la concentración proporciona el poder para mantener la atención centrada en un mismo objeto. En condiciones ideales, la atención plena es inherente a esta relación. La atención plena selecciona los objetos de atención y nos avisa también cuando nos distraemos. Por su parte, la concentración se ocupa de la difícil tarea de mantener centrada la atención en el objeto elegido. Y, cuando cualquiera de ambas se debilita, nuestra meditación se extravía.

Podríamos definir la concentración como la capacidad mental de focalizar de manera continua y unidireccional la atención en un mismo objeto. Pero debemos señalar, no obstante, que la verdadera concentración es un estado positivo de unidireccionalidad mental, un estado despojado de codicia, odio y engaño. Aunque los estados negativos de concentración también son posibles, no conducen a la liberación. Por más concentrados, por ejemplo, que estemos en un estado de deseo, eso no nos llevará a ningún lado. Tampoco es útil que nos concentremos ininterrumpidamente en algo que odiamos. De hecho, este tipo de concentración negativa suele ser de breve duración, sobre todo cuando se utiliza para dañar a los demás. La auténtica concentración está libre de esos defectos, es un estado en el que la mente se halla unificada y gana tanto en poder como en intensidad. Podemos utilizar, para explicarla mejor, el símil de una lupa. Los rayos solares que impactan en una hoja de papel no logran sino calentar su superficie, pero cuando la misma cantidad de luz solar, concentrada mediante una lente de aumento, incide sobre el mismo punto, el papel empieza a arder. La concentración, pues, se asemeja a la lente que posibilita la intensidad de calor necesaria para llegar a advertir los estratos más profundos de la mente. La atención plena, por su parte, selecciona el objeto sobre el que la mente se focaliza y mira a través de ella para ver lo que hay.

Podríamos considerar la concentración como una herramienta que sirve tanto para el bien como para el mal, como un cuchillo afilado con el que podemos herirnos o realizar una hermosa talla. La concentración es algo muy parecido porque, adecuadamente utiliza-da, puede ayudarnos a avanzar en el camino de la liberación, pero también puede hallarse al servicio del ego y movilizar hacia el logro y la competición. Es posible servirse de la concentración, en benefi-cio propio, para dominar a los demás. No obstante, la concentración no nos brinda, por sí sola, una visión de lo que somos, como tam-poco arroja luz sobre los problemas fundamentales del egoísmo y la naturaleza del sufrimiento. Podemos servirnos de ella para alcanzar profundos estados psicológicos, pero, aun así, no nos ayudará a en-tender las fuerzas del egoísmo, algo que solo puede lograr la atención plena. Si esta no se halla presente para observar a través de la lente y ver lo que hemos descubierto, todo será inútil. Solo la atención entiende, solo ella aporta sabiduría. Pero la concentración tiene otras limitaciones.

La concentración realmente profunda solo puede conseguirse cuando se dan determinadas condiciones. Los budistas se preocu-pan mucho a la hora de construir monasterios y salas de meditación. Su principal objetivo es el de crear un ambiente físico despojado de distracciones, ruidos e interrupciones, en el que poder desarrollar esta capacidad. Pero tan importante como lo anterior es la creación de un entorno emocional libre de distracciones. El cultivo de la con-centración se ve obstaculizado por la presencia de los cinco impe-dimentos que hemos examinado en el capítulo 12, el deseo de pla-ceres sensoriales, la aversión, el embotamiento mental, la agitación y la duda.

Un monasterio es un entorno controlado en el que el ruido emo-cional se ve reducido al mínimo. Y, como son lugares en los que no conviven personas de diferente sexo, pocas oportunidades hay tam-bién para la aparición de la lujuria. Tampoco se permiten posesiones, reduciendo notablemente las posibilidades de incurrir en la avaricia y la codicia y eliminando los conflictos de propiedad. Pero no pode-

mos dejar de mencionar otro obstáculo relacionado con la concentración y es que, en los estados de concentración realmente profundos,
nos absorbemos tanto en el objeto de concentración que podemos
olvidarnos de trivialidades como el cuerpo, la identidad y todo lo que
nos rodea. Y de nuevo, en este caso, un monasterio resulta muy útil
y conveniente, porque es bueno saber que hay alguien que cuidará
de nosotros y se hará cargo de cuestiones tan prosaicas como nuestra comida y nuestra integridad física. En ausencia de esa seguridad dudaríamos en sumergirnos tan profundamente en la concentración.

La atención plena, en cambio, está libre de ese tipo de inconvenientes porque no depende de ninguna circunstancia concreta, ni
física ni de ningún otro tipo. Es un puro factor de observación que
es libre para darse cuenta de todo lo que pueda presentarse, desde el
deseo hasta el odio, el ruido, etcétera. La atención plena no se halla
limitada por ninguna condición, sino que está siempre presente, hasta cierto punto, en cada instante y en cada circunstancia. Asimismo,
la atención plena carece de objeto concreto en que focalizarse. Dado
que observa el cambio, dispone de una cantidad ilimitada de objetos
a los que atender. Simplemente observa sin juzgar lo que discurre por
la mente y presta la misma atención a las distracciones e interrupciones que a los objetos formales de meditación. En un estado de conciencia plena y pura, la atención fluye con cualquier cambio que se
dé en la mente: «Cambio, cambio, cambio. Ahora eso, ahora eso y
ahora tal otra cosa».

Es imposible desarrollar, a la fuerza, la atención plena. La voluntad pura y dura no solo no nos reportará ningún beneficio, sino que
obstaculizará, de hecho, el avance. La atención plena no puede cultivarse de ese modo, sino tan solo cobrando conciencia de las cosas
y dejándolas pasar, instalándonos en el presente y sintiéndonos cómodos con todo lo que podamos experimentar. Pero ello no implica

que la atención plena suceda por sí sola, porque requiere esfuerzo y energía, aunque se trate de un tipo diferente de esfuerzo. El cultivo de la atención plena exige un esfuerzo muy suave y delicado, que consiste en recordarnos de continuo la necesidad de cobrar conciencia de todo lo que ocurre aquí y ahora. El único secreto radica en la perseverancia y la suavidad. El cultivo de la atención plena se cultiva regresando amablemente una y otra vez al estado de atención.

La atención plena no puede ser utilizada de un modo egoísta, porque es un estado de alerta y atención pura despojada de ego, en el que el yo no existe. No hay, pues, en él, yo alguno que pueda ser egoísta. Es la atención plena, muy al contrario, la que nos proporciona una visión real de nosotros mismos. Nos permite dar mentalmente un paso atrás para poder contemplar nuestros propios deseos y aversiones y decir: «¡Vaya! ¡Así es como realmente soy!».

En el estado de atención plena nos vemos tal cual somos. Atravesando la capa de mentiras que solemos decirnos a nosotros mismos, vemos quiénes somos realmente, vemos nuestra propia conducta egoísta, vemos nuestro propio sufrimiento y el modo en que dañamos a los demás y a nosotros mismos. La atención plena conduce a la sabiduría.

La atención plena no trata de lograr nada, sino que simplemente observa. No existe, en ella, deseo ni aversión alguna. La competición y la lucha no tienen cabida en el proceso de la atención plena, puesto que esta no persigue ninguna cosa, sino que simplemente contempla lo que se presenta, sea lo que fuere.

La atención plena es una función más amplia que la concentración, porque lo abarca todo. La concentración es exclusiva, se centra en un solo objeto y pasa por alto todo lo demás, mientras que la atención plena, por su parte, es inclusiva, se mantiene a cierta distancia del foco de atención y observa, con una actitud abierta y dispuesta a advertir cualquier cambio que ocurra. Si enfocamos nuestra mente en una piedra, la concentración solo verá la piedra. La atención plena, en cambio, se mantendrá a cierta distancia de ese proceso y prestará atención a la piedra, a la concentración en la piedra, a la intensidad del enfoque y, cuando la concentración flaquee, se dará inmediatamente cuenta también de cualquier cambio en la intensidad de la atención. Es la atención plena la que se da cuenta de que se ha producido una distracción, y también es ella la que nos reorienta hacia la piedra. El cultivo de la atención plena también es más difícil que el de la concentración, porque es una función de mayor alcance. A pesar de que la concentración enfoca la conciencia como si de un rayo láser se tratara y tiene el poder de penetrar profundamente en la mente iluminando lo que hay en ella, no entiende lo que ve. Pero la atención plena puede examinar el mecanismo del egoísmo y entender lo que ve, con la correspondiente comprensión del misterio del sufrimiento y el mecanismo de la incomodidad. La atención plena puede liberarnos.

Pero debemos tener en cuenta un pequeño detalle. La atención plena no reacciona a lo que ve, sino que simplemente ve y entiende. Esa es la esencia de la paciencia. Debemos, por tanto, aceptar todo lo que vemos, cobrar conciencia de ello y observarlo desapasionadamente. Y, por más difícil que sea, se trata de una tarea absolutamente necesaria. Somos ignorantes, egoístas, codiciosos y vanidosos. Deseamos y mentimos. Estos son los hechos y la atención plena significa reconocer y ser pacientes con nosotros mismos aceptándonos tal como somos. Se trata de una actitud que va contra la inercia que nos lleva a no querer aceptar los hechos, sino a negarlos, cambiarlos o justificarlos. La aceptación, sin embargo, es la esencia de la atención plena, y, si aspiramos a desarrollarla, tenemos que aceptar sus descubrimientos. Puede ser aburrimiento, irritación o miedo, tal vez se trate de debilidad, incompetencia o algún otro defecto, pero en cualquiera de los casos, así es como somos. Esa es la realidad.

La atención plena acepta, sencillamente, todo lo que se presenta, y, si queremos cultivarla, el único camino que nos queda es la aceptación paciente. La atención plena solo se desarrolla a través de la práctica continua, tratando simplemente de prestar más atención. Se trata de un proceso que no podemos forzar ni acelerar, sino que discurre a su propio ritmo.

Concentración y atención plena van, en el trabajo meditativo, de la mano. Si la atención dirige el poder de la concentración y guía toda la operación, la concentración proporciona el poder gracias al cual la atención puede zambullirse en los estratos más profundos de la mente. Su colaboración genera la visión profunda y la comprensión. Ambas deben cultivarse de un modo conjunto y equilibrado. A la atención plena se le concede más importancia porque es el centro de la meditación y porque los niveles más profundos de concentración no son, en realidad, necesarios para llevar a cabo el trabajo de liberación. En cualquiera de los casos, el equilibrio es muy importante. El exceso de conciencia, sin serenidad interior que la equilibre, solo conduce a una hipersensibilización semejante a la ingesta de LSD. Sin el adecuado contrapeso de la conciencia, por el contrario, el exceso de concentración desemboca en el síndrome del "buddha de piedra", en el que uno accede a un estado tal de tranquilidad que permanece sentado como una roca. Ambos extremos deben ser evitados.

Los estadios iniciales del cultivo de la mente son especialmente delicados. En este punto, el exceso de énfasis en la atención plena retardará sensiblemente el desarrollo de la concentración. Al iniciar la meditación, una de las primeras cosas que percibiremos es la increíble actividad de la mente, algo que la tradición Theravada denomina "mente del mono" y que la tradición tibetana compara a una cascada de pensamientos. Si enfatizamos la atención plena, habrá muchas cosas de las que ser conscientes y la concentración será imposible. No te desanimes, porque eso es algo que le sucede a todo el mundo y tiene muy fácil solución. Dedica, al principio, la mayor parte de tus esfuerzos a la concentración y apela simplemente a la atención plena de las distracciones en el mismo momento en que se presenten. Y no cejes en el empeño. En los capítulos 7 y 8 hemos presentado las instrucciones completas para hacerlo. Bastarán un par de meses para desarrollar el poder de concentración. En ese momento podrás empezar a dedicar más energía a la atención plena. Sin embargo, no desarrolles tu concentración hasta el punto de caer en un estado de estupor.

La atención plena es, en cualquier caso, el más importante de ambos factores y debemos empezar a cultivarla apenas nos sintamos cómodos con ella. La atención plena proporciona el fundamento necesario para el posterior desarrollo de la concentración profunda. La mayor parte de errores relativos al equilibrio entre ambos factores se corrigen solos con el tiempo. La concentración correcta se desarrolla naturalmente debido al fortalecimiento de la atención plena. Cuanto más desarrolles el factor de la alerta, más pronto te darás cuenta de las distracciones y más rápidamente podrás dejarlas atrás y regresar al objeto elegido de atención. Y el resultado natural de todo ello será el aumento de la concentración. Y, en la medida en que aumente la concentración, también lo hará la atención plena. Cuanto más poder de concentración adquieras, menos oportunidades tendrás de quedarte enredado en largas cadenas de análisis mentales sobre tus distracciones. Simplemente te darás cuenta de las distracciones y llevarás tu mente donde se supone que debe estar. Ambos factores tienden a equilibrarse y apoyarse mutuamente de manera natural en su respectivo desarrollo. La única regla que hay que tener en cuenta durante los estadios iniciales de la práctica consiste en enfatizar la concentración hasta sosegar el fenómeno de la mente del mono. Luego debemos insistir en la atención plena. Si percibimos una cierta agitación, enfatizamos la concentración. Y si, por el contrario, advertimos que caemos en el estupor, insistimos en la atención plena. Hablando en términos generales, no obstante, debemos enfatizar la atención plena. Ella dirige el desarrollo de nuestra meditación porque tiene la capacidad de ser consciente de sí misma. Es la atención plena la que nos brinda una cierta perspectiva sobre nuestra práctica y la que nos permite saber lo que estamos haciendo. Pero no te preocupes demasiado al respecto. La meditación no es una carrera ni una competición con nadie y carece de plazos fijos.

Una de las cosas más difíciles de aprender es que la atención plena no depende de ninguna condición emocional o mental. Tenemos ciertas imágenes preconcebidas sobre la meditación. Una de ellas es que la meditación es algo que practican, en cuevas silenciosas, personas tranquilas que se mueven muy despacio. Pero este es un entorno de adiestramiento que solo se utiliza para alentar la concentración y desarrollar la atención plena. Una vez que hemos desarrollado dicha capacidad, sin embargo, no solo podemos, sino que debemos, relajar las restricciones del entrenamiento. No hace falta que te muevas, para estar atento, a la velocidad de un caracol. Ni siquiera necesitas estar en calma. Puedes prestar plena atención mientras resuelves complejos problemas de cálculo, puedes prestar atención en un campo de fútbol y hasta puedes prestar atención en medio de un arrebato de furia. Las actividades físicas y mentales no son un impedimento para la atención plena. Si percibes que tu mente está muy activa, observa simplemente el grado y la naturaleza de toda esa actividad, un aspecto más del espectáculo pasajero que discurre por tu interior.

15. La meditación en la vida cotidiana

Todos los músicos interpretan escalas. Es lo primero que uno aprende cuando empieza a estudiar piano, y luego ya no deja de interpretarlas. Hasta los mejores concertistas siguen ejercitándose en la práctica de las escalas. Es una habilidad básica que no puede dejarse en el olvido.

Todos los jugadores de béisbol practican el bateo. Es la primera cosa que aprenden y nunca deja de practicarla. Todos los juegos de la Serie Mundial empiezan con la práctica del bateo. Las habilidades básicas siempre deben mantenerse a punto.

La meditación sedente es, por su parte, el entorno en el que el meditador ejercita sus habilidades fundamentales. El juego que, en este caso, está jugando es la experiencia de su propia vida y el instrumento con el que lo hace es su propio aparato sensorial. Hasta los meditadores más avanzados siguen ejercitando la meditación sedente porque perfecciona y depura las habilidades básicas requeridas para este juego tan especial. Pero no deberíamos olvidar, no obstante, que la meditación sedente no es el juego, sino tan solo el entorno en el que nos adiestramos. El juego en el que estas habilidades básicas deben aplicarse es nuestra experiencia cotidiana. De nada sirve una meditación que no se aplica a nuestra vida.

La meditación vipassana aspira a la transformación radical y permanente de toda nuestra experiencia sensorial y cognitiva y está concebida para revolucionar nuestra experiencia vital. En ese sentido, los periodos de meditación sedente son los más adecuados para tratar de inculcar nuevos hábitos mentales y aprender nuevas formas de relacionarnos con nuestro pensamiento consciente y nuevos modos de enfrentarnos al incesante despliegue de nuestras emociones. Pero esos nuevos hábitos mentales deben generalizarse al resto de nuestra vida porque, en caso contrario, la meditación será estéril e infructuosa, como una faceta teórica de nuestra existencia desconectada del resto. Es muy importante, por tanto, hacer el esfuerzo de conectar ambas facetas. Y, si bien es cierto que algo de esa conexión también se produce espontáneamente, no lo es menos que se trata de un proceso lento e irregular. Habrá ocasiones en las que la sensación de no ir a ningún lugar y no obtener resultados tangibles te llevará a considerar incluso la posibilidad de abandonar el proceso.

Uno de los acontecimientos más memorables en la práctica meditativa se produce la primera vez que nos damos cuenta de que estamos meditando en medio de una actividad completamente ordinaria como, por ejemplo, cuando llevamos la basura al contenedor o vamos conduciendo por una carretera. De pronto se establece una conexión, y la manifestación imprevista de las habilidades que hemos estado cultivando no solo nos produce un genuino placer, sino que también nos permite vislumbrar el futuro brindándonos un atisbo espontáneo de su verdadero significado. Entonces nos damos cuenta de que esa transformación de conciencia puede acabar convirtiéndose en un elemento permanente de nuestra experiencia. Comprendemos que podríamos permanecer el resto de nuestros días apartados del clamor debilitador de nuestras obsesiones, sin quedar a merced de nuestras necesidades y de nuestras carencias. De ese modo obtenemos un ligero sabor de lo que significa mantenerse al margen observando el modo en que todo fluye. Este es, en suma, un momento realmente mágico.

Pero también es muy probable que, si no tratamos de promover activamente el proceso de integración, esa visión quede insatisfecha. El momento más importante de la meditación es aquel en que te levantas del cojín. Cuando acaba tu sesión de práctica puedes levantarte de un salto y olvidarte de todo o tratar de integrar esta habilidad en tu vida cotidiana.

Es esencial que entiendas que la meditación no se reduce a una postura especial ni a una serie de ejercicios mentales. La meditación consiste en el cultivo de la atención plena y en la puesta en práctica de esa atención. No es necesario, para meditar, estar sentados, sino que puedes hacerlo mientras lavas los platos, te duchas, patinas o escribes en el ordenador. Y, aunque no se trate de una tarea fácil, la meditación es un tipo de conciencia que debe aplicarse a todas y cada una de las actividades de nuestra vida.

La atención plena se cultiva preferentemente en posición sedente y en un entorno silencioso, porque esa es la situación más adecuada. La meditación en movimiento resulta más complicada, y la meditación en medio de una actividad ruidosa y rápida resulta más difícil todavía, pero lo más complicado de todo es la meditación en medio de actividades intensamente egoístas, como la relación amorosa o una discusión. Por eso los principiantes se entrenan en situaciones menos estresantes.

El objetivo final de la práctica sigue siendo el de fortalecer nuestra concentración y nuestra conciencia hasta el punto de que no se vea conmovida por las exigencias de la vida moderna. Son tantos los retos que nos plantea la vida que el meditador serio nunca se aburrirá.

No es sencillo aplicar la meditación a los acontecimientos de la vida cotidiana. Inténtalo y verás. La transición que conduce desde el final de la meditación hasta el inicio de la "vida real" es un paso gigantesco, un paso demasiado largo para la mayoría de nosotros, personas en las que la calma y la concentración se evapora en cuestión de minutos, dejándonos poco más o menos como antes. Para salvar esta brecha, los budistas han concebido, a lo largo de los siglos, una serie de ejercicios destinados a suavizar esta transición, dividiéndola en fragmentos más pequeños que pueden ser practicados de manera independiente.

La meditación ambulante

Nuestra existencia cotidiana está llena de movimiento y actividad. Como sentarse inmóvil durante horas es algo diametralmente opuesto a nuestra experiencia habitual, no es de extrañar que los estados de claridad y tranquilidad que cultivamos en el seno de la inmovilidad absoluta tiendan a disolverse apenas nos movemos. Necesitamos, pues, algún ejercicio adicional que nos enseñe a permanecer conscientes y tranquilos en medio del movimiento. En este sentido, el paseo meditativo favorece la transición del reposo estático a la vida cotidiana. Andar también es una actividad muy recomendable para aquellos momentos en que nos sentimos especialmente agitados. Una hora de meditación ambulante puede ayudarnos a vencer la energía de la agitación, infundiéndonos una dosis considerable de claridad. Luego podremos practicar, con mayor provecho, la meditación sedente.

La práctica budista convencional aboga por retiros frecuentes que complementan la práctica sedente cotidiana. Un retiro es un periodo relativamente largo dedicado a la meditación intensiva. Los retiros de uno o dos días son frecuentes entre los legos, pero, en el contexto monástico, el meditador avanzado puede pasar varios meses seguidos sin llevar a cabo ninguna otra actividad. Se trata de una práctica muy rigurosa y exigente tanto para la mente como para el cuerpo. Si no has meditado durante varios años, existe un límite de tiempo durante el cual puedes permanecer provechosamente sentado. Diez horas de meditación sedente producen, en la mayoría de principiantes, un esfuerzo agónico que excede, con mucho, su capacidad de concentración. Un retiro provechoso, por consiguiente, debe realizarse con cambios de postura y algún tipo de movimiento. La forma más habitual de hacerlo consiste en intercalar periodos de meditación sedente con periodos de meditación ambulante. Lo más habitual es alternar una hora de ambas actividades, separadas por breves pausas.

Para llevar a cabo el paseo meditativo es indispensable un lugar privado con espacio suficiente para caminar en línea recta entre cinco y diez pasos por lo menos. Nos disponemos a caminar arriba y abajo muy lentamente de un modo que parecerá, a los ojos de la mayoría de occidentales, extraño. No se trata, por tanto, de un tipo de ejercicio que convenga practicar en la puerta de casa, donde llamaríamos una atención innecesaria. Elige, pues, un lugar relativamente apartado.

Las directrices físicas son muy sencillas. Elige un lugar sin obstáculos y comienza en un extremo. Empieza quedándote de pie, durante un minuto aproximadamente, en una posición atenta, con los brazos del modo que más cómodo te resulte, delante, detrás o sencillamente extendidos a ambos lados. Luego inspira y levanta el talón de un pie y apoya, al espirar, ese pie. De nuevo, al inspirar, levanta ese pie, avánzalo y bájalo, al espirar, hasta tocar el suelo. Luego repite el mismo proceso con el otro pie. Avanza muy lentamente hasta el extremo opuesto, permanece en pie durante un minuto antes de volver sobre tus pasos y repite el mismo proceso.

Mantén la cabeza erguida y el cuello relajado. Mantén abiertos también los ojos para no perder el equilibrio, pero sin mirar a nada en especial. Camina de manera natural al ritmo que más cómodo te resulte sin prestar atención al entorno. Observa las tensiones que se acumulen en tu cuerpo y relájalas apenas cobres conciencia de ella. No te empeñes en caminar con gracia ni elegancia. Esta no es una práctica atlética ni una danza, sino un ejercicio de atención plena cuyo objetivo consiste en alcanzar un estado de alerta total, un aumento de la sensibilidad y una experiencia plena y sin bloqueos del acto de caminar. Presta toda tu atención a las sensaciones procedentes de las piernas y los pies. Trata de captar toda la información que puedas sobre el movimiento de cada pie. Sumérgete en la sensación pura de caminar y percibe todos los matices sutiles del movimiento. Siente cómo se mueve cada músculo. Experimenta hasta la más pequeña variación de la sensación táctil en el momento en que tu pie toca el suelo y en el momento en que, seguidamente, se levanta de nuevo.

Advierte el modo en que estos movimientos, en apariencia suaves, están compuestos por una compleja serie de pequeños impulsos. Trata de no pasar por alto ninguna sensación. Puedes fragmentar, para aumentar tu sensibilidad, el movimiento en sus diferentes momentos compositivos. Cada pie se eleva, se balancea hacia delante y desciende, y cada uno de ellos tiene también un comienzo, un intermedio y un final.

Puedes comenzar, con el objetivo de sincronizar con esta serie de movimientos, diciéndote mentalmente: «levantar, balancear, bajar, tocar el suelo y presionar», y así sucesivamente, un tipo de entrenamiento que te ayudará a familiarizarte con la secuencia de movimientos, asegurándote de que no pasas por alto ninguno. Cuanto más consciente seas de la gran cantidad de eventos sutiles implicados, menos espacio quedará para las palabras y más te zambullirás en una conciencia fluida e ininterrumpida del movimiento. Los pies pasarán a ser entonces todo tu universo. Toma nota mentalmente del modo habitual, si tu mente se distrae, y lleva luego tu atención al acto de caminar. No mires tus pies mientras efectúas este ejercicio, ni elabores tampoco ninguna imagen mental de tus extremidades en movimiento. No pienses, solo siente. No necesitas el concepto de los pies y tampoco necesitas imágenes. Registra sencillamente las sensaciones en el mismo momento en que van presentándose. Es probable que, al comienzo, experimentes ciertas dificultades con el equilibrio, porque estás utilizando los músculos de las piernas de un modo nuevo que naturalmente requiere un periodo inicial de aprendizaje. Si experimentas frustración, simplemente obsérvala y déjala ir.

La técnica vipassana de la meditación ambulante está diseñada para inundar la conciencia de sensaciones a fin de que todo lo demás quede a un lado. No hay espacio para pensamientos ni emociones, y tampoco hay tiempo para aferrarse o congelar la actividad en una serie de conceptos, así como tampoco hay ninguna sensación de identidad, sino tan solo un abanico de sensaciones táctiles y propioceptivas, un flujo ilimitado y cambiante de experiencia pura. Estamos aprendiendo, en este caso, a escapar hacia la realidad, en lugar de escapar de ella; y todas las comprensiones que obtengamos serán directamente aplicables al resto de nuestra vida saturada de conceptos.

Posturas

El objetivo de la práctica consiste en llegar a ser continua y plenamente conscientes, instante tras instante, de todas las facetas de nuestra experiencia. La mayoría de nuestras experiencias son completamente inconscientes, en el sentido de que les prestamos poca o ninguna atención. Nuestra mente siempre está en otra parte. Nos pasamos la mayor parte del tiempo funcionando con el piloto automático, perdidos en una maraña de ensoñaciones y preocupaciones.

El cuerpo es uno de los aspectos más frecuentemente ignorados de nuestra existencia. La película en tecnicolor que discurre dentro de nuestra cabeza es tan atractiva que solemos apartar nuestra atención de las sensaciones táctiles y propioceptivas. Aunque esa información se transmita de continuo a los nervios y el cerebro, solemos desterrarla a los estratos más bajos de nuestra mente. Pero los budistas han desarrollado un método para abrir las compuertas que impiden el acceso a ese material y permitir que fluya a la conciencia. Es otra forma de lograr que lo inconsciente se torne consciente.

Son muchas las posturas que, en el transcurso de una sola jornada, adopta nuestro cuerpo, como sentarse, levantarse, caminar, acostarse, inclinarse, correr, gatear y estirarse. Los maestros de meditación nos exhortan a cobrar conciencia de esa danza continua. Dedica unos instantes, cada pocos minutos, a cobrar conciencia de tu postura, pero no lo hagas de un modo crítico. Este no es un ejercicio destinado a corregir tu postura o mejorar tu aspecto. Recorre atentamente todo tu cuerpo y siente el modo en que lo estás sosteniendo, tomando mentalmente nota de actividades como "andar", "sentarse", "acostarse" o "permanecer de pie". No desdeñes, por más sencillo que parezca, este procedimiento, porque es un ejercicio muy poderoso que, cuando se practica completamente y se convierte en un hábito profundamente asentado en nuestra mente, puede llegar a revolucionar toda nuestra experiencia y catapultarnos a una nueva dimensión de la sensación, en la que nos sentiremos como el ciego que recupera la vista.

Movimiento a cámara lenta

Cada acción que llevamos a cabo está formada por diferentes elementos. El simple hecho de atarte los cordones de los zapatos está compuesto por una compleja serie de movimientos sutiles cuyos detalles nos pasan desapercibidos. Una forma de cultivar el hábito de la atención plena consiste en ejecutar actividades sencillas muy lentamente, esforzándote en prestar una atención lo más exhaustiva posible a todos los detalles de la acción.

Sentarse ante una mesa a beber una taza de té es un buen ejemplo de ello. Son muchas las cosas que, en tal caso, puedes experimentar. Observa tu postura mientras estás sentado y siente el asa de la taza que sostienes en tu mano. Huele el aroma del té, advierte la colocación de la taza, de tu brazo y de la mesa. Observa cómo aflora, en tu mente, la intención de mover el brazo, siente el brazo cuando se levanta, el contacto de la taza con los labios y el líquido entrando en tu boca. Saborea el té y date luego cuenta de la intención de bajar el brazo. Cuando prestas una atención desapegada y atiendes completamente a este proceso, a todas las sensaciones y el flujo de pensamientos y emociones, el proceso entero se torna fascinante y hermoso.

También puedes aplicar este método a muchas otras de tus actividades cotidianas. Cuando enlenteces deliberadamente tus pensamientos, palabras y movimientos, puedes penetrar en ellos con más profundidad de lo que podrías conseguir de otra manera. Y te sorprenderá lo que en tal caso puedes descubrir. Aunque, al comienzo, cueste bastante mantener este ritmo deliberadamente lento durante la mayoría de nuestras actividades regulares, la habilidad aumenta con el tiempo. Las realizaciones profundas no solo ocurren durante la meditación sedente, sino que también pueden darse cuando examinamos con detenimiento nuestro funcionamiento interno en medio de las actividades cotidianas. Este es el auténtico laboratorio en que podemos percibir el funcionamiento de nuestras emociones y la actividad de nuestras pasiones. Aquí es donde podemos valorar realmente la fiabilidad de nuestro razonamiento y vislumbrar la diferencia que existe entre nuestra verdadera motivación y la coraza de pretensiones con que habitualmente nos revestimos para engañarnos a nosotros mismos y a los demás.

Buena parte de esa información nos resultará sorprendente, muchas veces perturbadora, pero siempre útil. La atención pura limpia la suciedad y ordena el caos de los rincones ocultos de nuestra mente. En la medida en que logres una clara comprensión en medio de las actividades de la vida cotidiana, desarrollarás la capacidad de permanecer equilibrado y tranquilo mientras proyectas la luz penetrante de la atención plena a todos los recovecos irracionales de tu mente. Entonces empezarás a darte cuenta de la responsabilidad que te compete en tu sufrimiento mental y verás el modo en que generas tu propio dolor, debilidad y limitaciones. Y, cuanto más profundamente entiendas esos procesos mentales, menor será el poder que tengan sobre ti.

Sincronización con la respiración

Nuestro principal foco de atención durante la meditación sedente es la respiración. La concentración completa sobre el flujo cambiante de la respiración nos trae de inmediato al momento presente, un principio que puede aplicarse también al movimiento. Sincronizar tu respiración con la actividad que lleves a cabo imprimirá un ritmo más fluido a tu movimiento, al tiempo que suavizará transiciones de otro modo demasiado abruptas. Así, te resultará más fácil concentrarte en la actividad en curso, lo que te permitirá estar naturalmente más presente. En condiciones ideales, la meditación debería ser una actividad que ocupase las 24 horas del día, y, en ese sentido, la presente instrucción tiene un carácter eminentemente práctico.

El estado de atención plena es un estado de alerta en el que la mente no se ve desbordada por las preocupaciones, ni atrapada en temores, y en el que podemos relacionarnos inmediatamente con todo lo que aparezca. Cuando estamos realmente atentos, nuestro sistema nervioso posee una frescura y flexibilidad que favorece la visión profunda. Y si, en tal caso, aparece algún problema, lo abordamos rápida y eficazmente. No nos quedamos atenazados por la duda ni corremos a un rincón a pensar sobre el asunto, sino que, simplemente, nos enfrentamos a él. Y, en las contadas ocasiones en que no parezca haber solución, no nos preocuparemos por ello y pasaremos a la siguiente cosa que reclame nuestra atención. De ese modo, la intuición se transforma en una facultad muy práctica.

Momentos perdidos

La idea de perder el tiempo resulta inconcebible para los meditadores, porque estos aprovechan cualquier momento libre para meditar. Si estamos, por ejemplo, sentados en la consulta del dentista esperando ansiosamente que llegue nuestro turno, podemos meditar sobre la ansiedad; si estamos enfadados por tener que guardar cola en el banco, podemos meditar sobre el enfado, y si estamos aburridos en la parada del autobús, podemos también meditar sobre el aburrimiento. Trata de permanecer alerta y consciente, pues, durante todo el día, a tus actividades y sé consciente de lo que sucede en cada momento, aunque se trate de algo tedioso. Aprovecha los momentos en que estés solo y aprovecha también las actividades mecánicas. Utiliza cada momento libre para prestar atención, sin perder ninguna ocasión.

Concentración en todas las actividades

Trata de mantener la atención plena durante todas tus actividades cotidianas, empezando con la primera percepción que aparezca en el momento en que despiertes y acabando con el último pensamiento que tengas antes de dormir. Se trata de un objetivo muy difícil de alcanzar y que no debes, en consecuencia, esperar lograr pronto. Tómatelo con calma y deja que tu capacidad vaya fortaleciéndose poco a poco. El modo más adecuado de facilitar esta tarea consiste en fragmentar la jornada en varias partes. Dedica un tiempo a atender a tu postura y extiende luego esa atención a actividades sencillas como comer, lavarte, vestirte, etcétera. Dedica también algunos momentos del día –15 minutos aproximadamente– a la práctica de la observación de estados mentales concretos como, por ejemplo, las sensaciones agradables, desagradables y neutras o bien obstáculos o pensamientos. La rutina concreta depende de ti. La idea consiste en que ejercites la observación con diferentes objetos y que te mantengas lo más atento posible a lo largo de toda la jornada.

Trata de establecer una rutina en la que no haya grandes diferencias entre la meditación sedente y el resto de tu experiencia, lo que permitirá el paso natural de una a otra. Como tu cuerpo casi nunca está quieto siempre habrá movimientos que percibir, al menos el movimiento de tu respiración. Y, exceptuando los estados más profundos de concentración, tu mente nunca deja de parlotear y siempre habrá en ella, en consecuencia, algo que observar. Si aplicas seriamente tu meditación, nunca te faltará nada que no merezca tu atención.

Debes practicar en todas las situaciones de tu vida cotidiana. Ese es el auténtico laboratorio que hará tu práctica más profunda y verdadera. Ese es el crisol que depurará tu práctica del engaño y el error, la prueba definitiva que te mostrará cuándo estás realmente atento y cuándo, por el contrario, estás engañándote a ti mismo. Si la meditación no te ayuda a enfrentarte a tus problemas y conflictos cotidianos es que no es lo suficientemente profunda. Si tus reacciones emocionales cotidianas no se tornan más claras y fáciles de manejar, estarás perdiendo el tiempo. Esa es la única prueba que te sirve para verificar tu progreso.

La práctica de la atención plena es una práctica universal que no se lleva a cabo ocasionalmente y se relega luego al olvido, sino que debe practicarse en todo momento. La meditación que solo funciona cuando permanecemos aislados en una torre de marfil y alejados del ruido todavía es inmadura. La meditación de la visión profunda consiste en la práctica de la atención plena instante tras instante. El meditador aprende a prestar una atención pura al nacimiento, desarrollo y extinción de todos los fenómenos mentales. No huye de ninguno de ellos ni permite que nada se le escape, ya sean pensamientos, emociones, actividades o deseos. Todo lo observa del mismo modo, independientemente de que sea amoroso o terrible, hermoso o vergonzoso. No solo ve lo que es, sino también el modo en que cambia. La atención plena es un procedimiento exhaustivo que no soslaya ni excluye ningún aspecto de la experiencia.

Si te encuentras, durante tus actividades diarias, aburrido, medita sobre el aburrimiento. Observa cuáles son las sensaciones que lo acompañan, de qué está compuesto y el modo en que funciona. Medita, si estás enfadado, sobre el enfado. Explora, sin tratar de eludirlo, el mecanismo del enfado. Y, si estás sumido en la depresión, no escapes ciegamente de ella. Dedícate sencillamente a investigarla en profundidad, explora sus laberintos y esboza un mapa de ese territorio. De ese modo podrás abordar más adecuadamente, cuando aparezca, la siguiente depresión.

Meditar durante los altibajos de nuestra vida cotidiana es, precisamente, el objetivo de la meditación vipassana. Aunque se trata de una práctica rigurosa y exigente, genera un estado de extraordinaria flexibilidad mental. El meditador mantiene su mente abierta a cada instante e investiga constantemente la vida, registrando sus experiencias y observando la existencia con curiosidad y desapego. De ese modo, permanece abierto a la verdad, en cualquier momento y en todas sus formas, con independencia de su fuente. Ese es el estado mental que requiere la liberación.

Según se dice, si mantenemos la mente en un estado de alerta meditativa, podemos alcanzar la liberación en cualquier momento. Cualquier percepción, aun la más pequeña y anodina –como la imagen de la Luna, el canto de un pájaro o el sonido del viento entre los árboles–, puede ser el estímulo que la desencadene. Lo que importa no es tanto lo que, en ese momento, estemos percibiendo, como el modo en que prestamos atención. Es esencial, en este sentido, el estado de alerta y de apertura. Y eso es algo que, si estás preparado, puede sucederte ahora mismo. La misma sensación táctil de sostener este libro entre tus manos podría ser el detonante o quizás baste, para ello, con el eco de estas palabras en tu cabeza. Si estás preparado puedes alcanzar, ahora mismo, la iluminación.

16. ¿Para qué puede servirte?

Son varios los beneficios que cabe esperar de la meditación. Y, si bien las recompensas iniciales son de índole práctica, los últimos estadios son profundamente trascendentales y abarcan el amplio espectro que va de lo sencillo a lo sublime. Veremos aquí algunas de ellas. Tu propia práctica, lo único que cuenta, te mostrará la verdad.

Lo que hemos denominado obstáculos o impedimentos son algo más que simples hábitos mentales desagradables. Son las manifestaciones primarias del proceso del ego. La sensación del ego es, esencialmente hablando, una sensación de separación, una percepción de distancia entre lo que llamamos *yo* y lo que llamamos *otro*. Esta percepción solo puede sostenerse cuando se ejercita de continuo, y los obstáculos constituyen, en este caso, una modalidad inadecuada de ejercicio.

La codicia y el deseo no son sino intentos de obtener, de eso, algo para mí, mientras que el odio y la aversión reflejan la tentativa de poner más distancia entre "yo" y "eso". Todos los obstáculos se derivan de la percepción de una barrera que separa al yo del otro, y, cada vez que incurrimos en ellos, la fortalecen. La atención plena o mindfulness, por el contrario, nos permite percibir las cosas profundamente y con gran claridad. Dirige nuestra atención a la raíz de los problemas dejando al descubierto su forma de operar. Y, como ve con claridad los frutos y consecuencias que tienen sobre nosotros, no hay modo de engañarla. Cuando nos damos clara cuenta de lo que es la codicia y de cuáles son sus consecuencias reales, tanto en nosotros como en los demás, dejamos de incurrir naturalmente en ella. Es lo mismo que sucede cuando un niño se quema al tocar un horno caliente. No es necesario, en tal caso, que le digamos que retire la mano porque, sin intervención de pensamiento consciente ni decisión alguna de su parte, lo hace de manera espontánea. Existe, en nuestro sistema nervioso, una acción refleja destinada exclusivamente a ese propósito que opera con mayor rapidez que el pensamiento. En el momento en que el niño percibe la sensación de calor y rompe a llorar, ya ha retirado su mano de la fuente del dolor. De ese modo no verbal, espontáneo y eficaz funciona también la atención plena, impidiendo el desarrollo de los obstáculos y hasta favoreciendo su extinción. El fortalecimiento de la atención plena va debilitando también los muros del ego y disminuyendo el deseo, así como las actitudes defensivas y rígidas. Entonces nos volvemos más abiertos, receptivos y flexibles. Aprendemos, en suma, a compartir el amor incondicional.

Aunque los budistas se han mostrado tradicionalmente reacios a hablar de la naturaleza última de los seres humanos, los que se muestran dispuestos a hacer declaraciones descriptivas afirman que nuestra esencia última –es decir, nuestra naturaleza búdica– es pura, luminosa e intrínsecamente buena. La única razón por la que los seres humanos nos comportamos de otro modo es porque nuestra experiencia de la esencia última permanece oculta y bloqueada, como el agua contenida por una presa construida por el muro creado por los obstáculos. El ejercicio de la atención plena socava los ladrillos de ese muro, fomentando la aparición, en él, de grietas a través de las cuales se filtran la compasión y la alegría empática. En la medida en que la atención meditativa se desarrolla, cambia el modo en que experimentamos nuestra vida. Tanto la experiencia de estar vivos como la sensación misma de ser conscientes pasan, de un modo lúcido y preciso, a primer plano. Entonces dejan de ser un telón de fondo que las preocupaciones nos llevaron a ignorar y se convierten en una realidad percibida de continuo.

Cada momento pasajero destaca por sí solo, sin confundirse con otros en un continuo borroso que nos pasa desapercibido. Nada se toma entonces a la ligera, ni nada se da tampoco por sentado. No hay experiencia alguna que podamos calificar de "ordinaria", porque todo se presenta de un modo resplandeciente y especial. Entonces dejamos también de categorizar nuestra experiencia en casilleros mentales. Y, cuando ponemos entre paréntesis interpretaciones y descripciones, cada momento habla por sí solo y podemos escuchar realmente lo que tiene que decirnos, como si fuera siempre la primera vez. Cuando nuestra meditación se intensifica, también se vuelve constante y podemos observar metódicamente tanto nuestra respiración como cualquier fenómeno mental. Poco a poco nos sentimos más estables y asentados, instante tras instante, en la experiencia pura y simple de la existencia.

Cuando nuestra mente está libre de pensamientos, se torna clara y despierta y reposa en una conciencia completamente simple, en una conciencia imposible de describir de forma adecuada porque las palabras son, en ese sentido, insuficientes. Esa conciencia solo puede ser experimentada. La respiración deja entonces de ser mera respiración, porque ya no está limitada por el concepto estático y familiar que teníamos de ella. Y, cuando dejamos de percibirla como una simple sucesión de inspiraciones y espiraciones, como una experiencia monótona e insignificante, se transforma en un proceso vivo y fascinante que no discurre en el tiempo, sino que es percibido como el mero presente. De ese modo, el tiempo deja de ser un concepto vacío y pasa a convertirse en una realidad vivencial.

Esta conciencia elemental y simple, una conciencia despojada de detalles superfluos, está anclada en el flujo vivo del presente y se caracteriza por una sensación profunda de realidad. Entonces sabemos, más allá de toda duda, que es real, mucho más real que cualquier cosa que hayamos experimentado. Y, una vez que hemos alcanzado, con absoluta certeza, esta percepción, nos hallamos en una situación ventajosa porque contamos con un nuevo criterio para calibrar nuestra experiencia. Esta percepción nos permite ver, como fenómenos desnudos, todas las experiencias en que participemos, incluidas aquellas en las que nuestra actitud mental modifica los fenómenos. En tal caso, nos veremos distorsionando la realidad con comentarios mentales, imágenes sesgadas y opiniones personales y sabremos lo que estamos haciendo y cuándo lo hacemos. De ese modo, nos tornamos gradualmente más sensibles a aquellas actitudes en las que perdemos de vista la verdadera realidad y nos acercamos, cada vez más, a un tipo de perspectiva simple y objetiva que no añade ni quita nada. Nos volveremos individuos muy perspicaces, y, desde esa perspectiva, todo lo veremos con absoluta claridad. Las innumerables actividades de la mente y el cuerpo destacan entonces con todo lujo de detalles. Observamos con plena atención el nacimiento y extinción continua de la respiración; observamos el flujo interminable de movimientos y sensaciones corporales; observamos la rápida sucesión de pensamientos y sentimientos y sentimos, en su ritmo, el eco inexorable del paso del tiempo. Y, en medio de todo ese movimiento incesante, el observador desaparece dejando, en su ausencia, el acto puro de la observación.

Nada permanece, en ese estado de percepción, igual dos momentos sucesivos, y todo es visto en constante transformación. Todas las cosas sin excepción nacen, envejecen y mueren. Despertamos a las transformaciones incesantes de nuestra vida. Miramos a nuestro alrededor y vemos que todo, absolutamente todo, cambia de continuo. Todo aparece y desaparece, todo se origina y cesa, crece y mengua, llega a la existencia y desaparece de ella. Todos los aspectos de la vida, desde el más insignificante hasta el océano Índico, se hallan sometidos a un proceso de continua transformación. Entonces percibimos el universo como un inmenso flujo de experiencias en el que nuestras posesiones más preciadas, incluida nuestra propia vida, se nos escapan de las manos. Pero la fugacidad ya no es motivo de aflicción, sino que, al reconocerla, nos transfigura. Y, al contemplar esa actividad incesante, nuestra respuesta es un gozo maravilloso, puesto que todo está saturado de vida, moviéndose y danzando.

Y, mientras observamos esos cambios, nos damos también cuenta de que todas las cosas encajan y cobramos conciencia de la íntima conexión que existe entre todos los fenómenos mentales, sensoriales y afectivos. Vemos el modo en que un pensamiento conduce al siguiente, y que la destrucción da lugar a reacciones emocionales y sensaciones que, a su vez, suscitan más pensamientos. Y vemos también el inmenso y delicado trasfondo de causa y efecto que entrelaza todas nuestras acciones, pensamientos, sensaciones y deseos. Vemos cómo las experiencias placenteras aparecen y desaparecen de continuo. Vemos cómo, sin ser invitado, llega el dolor, y vemos también cómo nos empeñamos, sin éxito, en desembarazarnos de él. Todo sucede una y otra vez mientras permanecemos, a la debida distancia, observando en silencio.

De este laboratorio vivo emerge una irrefutable conclusión interior en la que no solo reconocemos que nuestra vida está marcada por la decepción y la frustración, sino que también percibimos claramente su origen y nos damos cuenta de que ese tipo de reacciones surge como resultado de nuestra incapacidad para obtener lo que queremos, por el miedo a perder lo que hemos conseguido y el hábito de no contentarnos con lo que tenemos. Pero esas cosas han dejado ya de ser meros conceptos teóricos, porque las percibimos directamente y sabemos que son reales. Percibimos nuestro temor, nuestra inseguridad básica ante la vida y la muerte como una profunda tensión que se asienta en la raíz misma del pensamiento y convierte la vida en una lucha. Nos vemos a nosotros mismos caminando a tientas buscando temerosamente, en medio de esas arenas movedizas, un fundamento sólido y fiable al que agarrarnos.

Percibimos el dolor y la tristeza de la pérdida y nos vemos a nosotros mismos obligados a adaptarnos, día tras día, a los cambios dolorosos de nuestra existencia ordinaria. Somos testigos de las tensiones y conflictos inherentes al proceso de la vida cotidiana y vemos lo superfluas que son la mayoría de nuestras preocupaciones. Contemplamos el dolor, la enfermedad, la vejez y la muerte y nos sorprendemos de que todas esas cosas espantosas no nos causen ningún miedo porque son, sencillamente, la realidad.

Este examen exhaustivo de los aspectos negativos de la existencia te familiarizará profundamente con *dukkha*, la naturaleza insatisfactoria de la existencia, y entonces empezarás a percibirlo en todas las facetas de la vida, desde las más burdas hasta las más sutiles. Entonces verás el modo en que el sufrimiento sucede inevitablemente al apego y que, apenas codicias algo, estás sembrando la semilla del dolor. Y, cuando conozcas en profundidad la dinámica del deseo, te sensibilizarás a él y percibirás dónde y cuándo surge y el modo en que te afecta. Observarás su funcionamiento una y otra vez, manifestándose a través de cada canal sensorial, asumiendo el control de tu mente y esclavizando tu conciencia.

Entonces verás, en medio de cada experiencia placentera, cómo actúa el apego y cómo funciona el deseo, y, en medio de las experiencias desagradables, cómo te domina una poderosa resistencia. Pero ya no tratarás entonces de bloquear esos fenómenos, sino que simplemente los observarás y percibirás como la substancia misma del pensamiento humano. Y, si buscas esa cosa llamada "yo", lo único que encontrarás será un cuerpo físico y la identificación de tu sensación de identidad con ese saco de piel y huesos. Entonces seguirás buscando y descubrirás toda clase de fenómenos mentales, como emociones, pautas de pensamiento y opiniones, y verás cómo identificas tu sensación de identidad con cada uno de ellos. Te verás convertido en poseedor, protector y defensor de esos lastimosos fenómenos y verás también la locura que entraña ese intento. Y, por más que rebusques sin cesar entre todas esas cosas –materia física, sensaciones corporales, sentimientos y emociones– tratando de encontrarte a ti mismo, en busca de tu yo, todo seguirá dando vueltas y más vueltas... sin encontrar nada.

Lo único que puedes encontrar, en todo ese material mental, en ese incesante desfile de experiencias que cambia de continuo, son innumerables procesos impersonales condicionados, provocados, a su vez, por otros procesos anteriores. No existe, pues, yo estático alguno que puedas localizar, sino tan solo un conjunto de procesos. Encontrarás pensamientos, pero ningún pensador, y descubrirás emociones y deseos, pero nadie que los experimente. No hay nadie en casa.

A estas alturas, tu visión del yo cambiará completamente y empezarás a verte como esas fotos de periódico en las que, contempladas a simple vista, aparece una imagen definida, pero que acaban revelándose, observadas a través de una lupa, como una compleja configuración de puntos. La sensación del yo o de ser algo también perderá, de igual modo, solidez y acabará, bajo la penetrante mirada de la atención plena, disolviéndose. Existe un estadio de la meditación de la visión profunda en la que los tres rasgos distintivos de la existencia –transitoriedad, insatisfacción y ausencia de yo– se ponen de manifiesto con una intensidad que barre todos los conceptos. Entonces experimentarás vívidamente la transitoriedad de la vida, la naturaleza dolorosa de la existencia humana y la verdad del no yo. Y percibirás esas cosas tan claramente que no tardarás en despertar a la futilidad del deseo, el apego y la resistencia, y tu conciencia se verá transformada por la claridad y pureza de esa experiencia profunda. Lo único que queda, cuando el yo se evapora, es una multitud de fenómenos impersonales interrelacionados, condicionados y en continuo cambio. Cuando el apego se extingue, te liberas de una pesada carga y solo queda un flujo despojado de esfuerzo, sin rastro alguno de resistencia ni tensión. Y, cuando solo queda la paz y el bendito *nibbana*, se realiza lo no creado.

Epílogo
El poder del amor-amistad

Si decides aprovechar las herramientas de la atención plena presentadas en este libro, puedes transformar toda tu experiencia. Quisiera ahora, en el Epílogo de esta nueva edición, dedicar un tiempo a subrayar la importancia de otro aspecto del camino del Buddha que va de la mano de la atención plena. Se trata de *metta* (el amor-amistad), en cuya ausencia, la práctica de la atención plena jamás romperá nuestra codicia y nuestra estricta sensación de identidad. La atención plena proporciona, a su vez, el fundamento necesario para el cultivo del amor-amistad. Se trata de dos aspectos que siempre se desarrollan simultáneamente.

Son muchas las cosas que han cambiado durante la década transcurrida desde el momento en que vio la luz la primera edición de este libro, un tiempo en el que ha aumentando la sensación de inseguridad y el miedo de la gente. En este problemático entorno, la importancia de cultivar una profunda sensación de amor-amistad no solo resulta especialmente esencial para nuestro bienestar, sino que también constituye la mejor esperanza para el futuro de nuestro mundo. La preocupación por los demás, encarnada por el amor-amistad, reside en el corazón de la enseñanza del Buddha, que podemos ver reflejada tanto en sus enseñanzas como en el modo en que vivió su vida.

Aunque todos nacemos dotados de la capacidad de amor-amistad, solo en una mente en calma, es decir, en una mente libre de ira, codicia y celos, pueden germinar las semillas del amor-amistad. La flor del amor-amistad solo puede crecer en el suelo fértil de una mente en paz. Debemos, pues, nutrir las semillas del amor-amistad tanto en nosotros como en los demás, contribuyendo a que arraiguen y maduren.

He viajado por todo el mundo enseñando el Dhamma y, en consecuencia, he pasado mucho tiempo en aeropuertos. Un buen día me encontraba en el aeropuerto de Gatwick, cerca de Londres, esperando mi vuelo. Aunque tenía mucho tiempo por delante, disponer de tiempo nunca ha sido un problema para mí. ¡De hecho, es un placer, porque significa una oportunidad para meditar! Ahí estaba pues, sentado, con los ojos cerrados y las piernas cruzadas, en uno de los bancos del aeropuerto, mientras, a mi alrededor, la gente iba y venía apresuradamente. Al meditar en situaciones como esta trato de llenar mi mente de pensamientos de amor-amistad y compasión hacia todos los seres, en todas partes. Con cada respiración, con cada pulsación y con cada latido trato de que todo mi ser se impregne de la luz del amor-amistad.

Aunque en aquel aeropuerto, absorto como estaba en el sentimiento de *metta*, prestaba muy poca atención al ajetreo que me rodeaba, no tardé en tener la sensación de que, junto a mí, sentado en el banco, había alguien. No abrí los ojos, sino que me limité a continuar con mi meditación, irradiando amor-amistad. Entonces sentí dos manos diminutas y delicadas que me rodeaban el cuello y, cuando abrí lentamente los ojos, descubrí a una niñita muy guapa, de cerca de dos años, una pequeña de ojos azul claro y cabeza cubierta de sedosos rizos rubios, abrazada a mi cuello. Recuerdo haber visto antes, mientras miraba a la gente ir y venir, a esta simpática niña cogida al dedo meñique de la mano de su madre. Al parecer, la niña se había liberado de la mano materna y había corrido hasta mí.

Levanté la mirada y vi que su madre venía tras ella. Al ver a la pequeña con sus brazos rodeándome el cuello, la madre dijo: «Bendiga, por favor, a mi hija y déjela ir». Yo no sabía el idioma que hablaba la niña, pero me dirigí a ella en inglés: «Por favor, vete. Tu madre tiene, para ti, muchos besos, abrazos caramelos y juguetes. Yo no tengo nada que darte. Vete, por favor». Pero la niña seguía aferrada a mi cuello. De nuevo la madre me pidió, uniendo las palmas de sus manos, en un tono muy amable: «Dele, por favor, sus bendiciones y haga que se vaya».

A esas alturas, otras personas habían empezado a darse cuenta de la situación. Tal vez creyeran que yo conocía a la pequeña o que nos unía algún tipo de relación. Seguramente pensaron que existía un vínculo muy fuerte entre nosotros, pero la verdad es que nunca antes había visto a esa preciosa niña. Ni siquiera sabía en qué idioma hablaba. De nuevo le pedí que se fuese: «Vete, por favor. Tu madre y tú tenéis que coger un avión y se os está haciendo tarde. Tu madre tiene juguetes y dulces para ti. Yo no tengo nada de todo eso». Pero la niña no solo no cedía, sino que se aferraba con más fuerza a mi cuello. La madre apartó de mi cuello las manos de la niña y me pidió que la bendijera. Entonces le dije: «Eres una niña muy buena y tu madre te quiere mucho, pero si no os dais prisa, perderéis el avión. Vete, por favor». Pero la niña seguía sin soltarme y rompió a llorar. Al final, la madre tuvo que llevársela a rastras, mientras la pequeña gritaba y pataleaba tratando de liberarse para volver conmigo. Finalmente su madre logró llevársela, y, cuando las vi desaparecer tras la puerta de embarque, todavía seguía forcejeando para soltarse y volver conmigo.

Quizás, debido a mi túnica, la pequeña pensó que yo era una especie de santa Claus o un personaje de cuento de hadas. Pero también existe la posibilidad de que, durante el tiempo en que estuve sentado en aquel banco practicando *metta* y emitiendo pensamientos de amor-amistad con cada respiración, la niña lo percibiese. Los niños son muy sensibles y su psiquismo absorbe todos los sentimientos del entorno. Cuando estamos enfadados, por ejemplo, captan ese tipo de vibración, y cuando estamos llenos de amor y compasión, también lo sienten. Quizás esa niña se sintió atraída por los sentimientos de amor-amistad que percibió en mí. En cualquier caso existía, entre nosotros, un vínculo, el vínculo del amor-amistad.

Los cuatro estados sublimes

El amor-amistad es capaz de obrar milagros. Todos tenemos la capacidad de actuar desde el amor-amistad. Quizás ignoremos que somos portadores de esa cualidad, pero su poder reside en nuestro interior. El amor-amistad también es –junto a la compasión, la alegría empática y la ecuanimidad– uno de los cuatro estados sublimes expuestos por el Buddha. Se trata de cuatro estados tan relacionados que no podemos desarrollarlos por separado.

Una forma de entender dichos estados consiste en pensar en los diferentes estadios de la maternidad. Cuando una mujer joven sabe que va a tener un hijo, siente un amor tan grande hacia el bebé que crece en su interior que hará, para protegerlo, todo lo que esté en su mano. Se esforzará al máximo para asegurarse de que está bien y en perfecto estado de salud. Ella está llena de amor y de pensamientos de esperanza hacia su hijo. Al igual que *metta*, los sentimientos que la madre primeriza alberga hacia su hijo son ilimitados y omniabarcadores y, como *metta*, no dependen de las acciones ni de la conducta del ser que recibe nuestros pensamientos de amor-amistad.

Cuando el pequeño crece y empieza a explorar su mundo, la madre desarrolla la compasión, y, cada vez que el niño cae y se hace daño en la rodilla o se hace un chichón, experimenta el dolor del pequeño. Hay madres que llegan incluso a decir que, cuando su hijo siente dolor, es como si ellas mismas se hubiesen hecho daño. Pero no se trata, en este caso, de un sentimiento de lástima. La lástima establece distancia entre nosotros y los demás, mientras que la compasión nos conduce a la acción apropiada y compasiva para acabar con el dolor del niño.

Con el tiempo, el niño va a la escuela y los padres ven cómo hace nuevos amigos y triunfa en la escuela, en los deportes o en otras actividades. Quizás saque buenas notas en ortografía, ingrese en el equipo de béisbol o sea elegido delegado de clase. En tal caso, los padres no se sienten celosos ni molestos por el éxito de su hijo, sino henchidos, por el contrario, de felicidad. Esta es la alegría empática. Pensando en cómo nos hace sentir un hijo, también podemos llegar a sentir lo mismo por los demás. Incluso cuando pensamos en otras personas que tienen más éxito que nosotros podemos valorar sus logros y alegrarnos de su felicidad.

Llega un momento, siguiendo con nuestro ejemplo, en que el niño acaba la escuela y emprende una vida independiente. Quizás se case y funde una familia, momento en el cual los padres deben ejercitar la ecuanimidad, algo que no tiene nada que ver con la indiferencia, sino que solo es una expresión, después de haber hecho todo lo que estaba en su mano, de sus limitaciones. Por supuesto, siguen cuidando a su hijo y respetándolo, pero lo hacen con la conciencia de que ya no pueden influir como antes en su vida.

El objetivo último de nuestra práctica meditativa consiste en el cultivo de los cuatro estados sublimes del amor-amistad, la compasión, la alegría empática y la ecuanimidad.

La palabra *metta* procede de la palabra sánscrita, *mitra*, que significa "amigo". Por esa razón, como traducción de *metta*, prefiero utilizar la palabra compuesta "amor-amistad" en lugar de "amor in-condicional". El término sánscrito *mitra* también se refiere al sol que, desde el centro de nuestro sistema solar, posibilita toda forma de vida. Y es que, igualque los rayos de sol proporcionan energía a todas las cosas vivas, el calor y la radiación de *metta* impregna el corazón de todos los seres.

La semilla reside en todos nosotros

Diferentes objetos reflejan de manera diferente la energía solar y, de modo parecido, las personas también difieren en su capacidad para expresar amor-amistad. Algunas de ellas parecen naturalmente afec-tuosas, mientras que otras son más reservadas y reacias a abrir sus corazones. Hay quienes, para practicar *metta*, deben esforzarse mien-tras que, a otros, su cultivo les resulta fácil. Pero no hay nadie que esté completamente despojado de amor-amistad. Todos nacemos con el instinto de *metta*, algo que podemos comprobar en algunos bebés que, al ver otro rostro humano, sea cual fuere, sonríen espontánea-mente. Por desgracia, sin embargo, también hay muchas personas que no tienen ni idea de todo el amor-amistad del que son portadoras y cuya aptitud innata al respecto puede permanecer sepultada bajo una montaña de odio, ira y resentimiento acumulados a lo largo de toda una vida –o quizás de muchas vidas– de acciones y pensamien-tos nocivos. Pero todos podemos cultivar nuestro corazón y nutrir las semillas del amor-amistad hasta que su fuerza florezca en todas nuestras actividades.

Había, en la época del Buddha, un hombre llamado Angulimala que, por decirlo en términos actuales, era un asesino en serie, un asesino múltiple. Tan perverso era que llevaba, en torno a su cuello, una guirnalda con los dedos de sus víctimas y había planeado que el Buddha fuese su víctima número mil. A pesar de la reputación de Angulimala y de su espantosa apariencia, el Buddha fue capaz de percibir su capacidad para el amor-amistad y, basándose en la compasión derivada de su amor-amistad, le enseñó el Dhamma. Como resultado de ello, Angulimala renunció a su espada y se rindió al Buddha, uniéndose a sus seguidores y recibiendo la ordenación monástica.

Resulta que Angulimala había emprendido su cruel carrera de asesinatos mucho tiempo atrás incitado por su maestro (debido a sus propias razones malsanas). Angulimala no era una persona esencialmente cruel ni malvada. De hecho, había sido un niño bondadoso cuyo corazón albergaba amor-amistad, amabilidad y compasión. Por eso, apenas se hizo monje, se puso de relieve su auténtica naturaleza y no pasó mucho tiempo antes de que alcanzara la iluminación.

La historia de Angulimala nos muestra que, por más crueles que algunas personas puedan parecer, ello no se debe a su naturaleza intrínsecamente malvada, sino a las circunstancias que han rodeado su vida. Fue la devoción que sentía hacia su maestro la que le llevó, en su caso, a convertirse en un asesino. No solo los criminales violentos, sino todos estamos sometidos a innumerables causas y condiciones –tanto positivas como negativas– que nos llevan a actuar del modo en que lo hacemos.

Quisiera ahora, además de la meditación ofrecida anteriormente en este libro, explicar otro método para la práctica del amor-amistad. De nuevo debes iniciar la meditación descartando todos los pensamientos de autocondena y odio hacia ti mismo. Repite en silencio, al comienzo de la sesión meditativa, las siguientes palabras. Y trata de sentir también la intención que las anima:

Que pueda mi mente verse colmada de pensamientos de amor-amistad, compasión, alegría empática y ecuanimidad. Que pue-

da ser generoso, tranquilo y relajado. Que alcance la paz y la felicidad. Que disfrute de salud. Que mi corazón sea más tierno. Que mis palabras agraden a los demás y que mis acciones sean amables.

Que todo lo que vea, oiga, huela, deguste, toque y piense, me ayude a cultivar el amor-amistad, la compasión, la alegría empática y la ecuanimidad. Que todas esas experiencias me ayuden a relajarme, me inspiren una conducta agradable y sean una fuente de paz y felicidad. Que puedan esas experiencias contribuir a liberarme de la ansiedad, la tensión, el temor y la inquietud.

Que pueda, sin importar dónde me lleve la vida, acoger a la gente con felicidad, paz y cordialidad. Que pueda verme protegido, en todas las direcciones, de la avaricia, el enfado, la aversión, el odio, los celos y el miedo.

Cuando cultivamos el amor-amistad en nosotros mismos aprendemos a ver que, sin importar lo escondida que esté, todo el mundo posee ese tipo de bondad natural. A veces está muy próxima a la superficie, mientras que en otras ocasiones, por el contrario, solo se encuentra después de cavar muy profundamente.

Ver más allá de la suciedad

El Buddha contó la historia de un monje que, un buen día, se encontró, en el camino, un trozo de tela. La tela estaba tan sucia que, al principio, ni siquiera quería tocarla y la movió con el pie para limpiarla un poco. A continuación, la recogió con un gesto de disgusto. Algo percibiría, sin embargo, a pesar de todo, el monje para cogerla y llevarse a casa ese pedazo de tela sucia. Después de lavarla varias veces, la tela quedó completamente limpia. Siempre es posible encontrar, bajo la suciedad y la mugre, un trozo de tela útil. Entonces comprendió que tal vez podría, si reunía suficientes trozos, convertir aquel harapo en parte de una túnica.

Una persona, del mismo modo, puede emplear palabras duras y parecer implacable, de modo que resulte imposible percibir su potencial de amor-amistad. Pero aquí es donde interviene la práctica del Recto Esfuerzo porque, bajo su dura capa exterior, podemos acabar descubriendo la joya resplandeciente que es la verdadera naturaleza de esa persona.

Una persona puede utilizar palabras muy duras con los demás y actuar, sin embargo, de manera bondadosa y compasiva. Y es que las acciones de una persona pueden ser, independientemente de sus palabras, bondadosas. En este sentido, el Buddha comparó este tipo de persona con un estanque cubierto de musgo. Si queremos usar el agua, debemos empezar apartando el musgo. También, de manera parecida debemos, en ocasiones, ignorar las debilidades superficiales de alguien para poner de relieve su buen corazón.

Pero ¿qué sucede en el caso de que las palabras de una persona sean tan crueles como sus acciones? ¿No podríamos concluir entonces que la persona es malvada? No, porque, aun en tal caso, la persona puede albergar, en su interior, un corazón puro. Imagina que estás atravesando un desierto a pie. Imagina que no tienes agua y que tampoco la hay en ningún lugar cercano. Estás sofocado y agotado y, a cada paso que das, te encuentras más sediento. Entonces buscas desesperadamente agua y te encuentras con la huella de una vaca que, si bien no es muy profunda, contiene un poco de agua. Si tratas de recogerla con las manos, el agua se enturbia, pero estás tan sediento que te arrodillas y acercas muy lentamente y con sumo cuidado los labios a su superficie para beberla sin remover la suciedad.

Por más rodeada de suciedad que esté, esa pequeña porción de agua está limpia y te permite saciar la sed. Un esfuerzo similar te permitirá encontrar un buen corazón hasta en aquellas personas que crees irrecuperables.

El centro de meditación en el que imparto mis enseñanzas está ubicado en las colinas del oeste de Virginia. Cuando inauguramos el centro teníamos un vecino muy poco amistoso. Acostumbro a pasear todos los días y, siempre que me cruzaba con él, lo saludaba con la mano, pero él se limitaba a mirarme con el ceño fruncido y apartaba la mirada. A pesar de ello, sin embargo, cada vez que lo veía volvía a saludarlo y a pensar bondadosamente en él enviándole *metta*. Nunca me rendí y, cada vez que lo veía, lo saludaba como hago con todo el mundo. Al cabo de un año, aproximadamente, su conducta cambió. Dejó de fruncir el ceño y yo me sentí muy bien y entendí que la práctica del amor-amistad empezaba a dar sus frutos.

Un año más tarde sucedió algo milagroso al cruzarme con él en el camino. Y es que, cuando pasó por mi lado al volante de su vehículo, levantó un dedo a modo de saludo. Entonces pensé: «¡Qué extraordinario! ¡El amor-amistad está funcionando de nuevo!». Pasó otro año y, día tras día, cuando daba mi paseo, lo saludaba y le enviaba mis mejores deseos. Al llegar el tercer año, levantó un par de dedos en la dirección en que yo estaba, y, al año siguiente, eran ya cuatro los dedos con los que me saludaba. Un buen día, cuando yo estaba paseando por el camino y él volvía por la vía de acceso a su casa, soltó el volante y me saludó sacando la mano por la ventanilla.

Un día –no hace mucho– vi a ese hombre sentado en su coche fumando un cigarrillo en un camino forestal. Entonces me acerqué a él y empezamos a hablar. Primero hablamos simplemente del tiempo, pero luego, poco a poco, empezó a contarme su historia. Resulta que, varios años atrás, había sufrido un terrible accidente cuando un árbol se desplomó sobre su camión, fracturándole un montón de huesos y relegándole a una cama de hospital, donde permaneció en coma un tiempo. Cuando empecé a cruzarme con él en el camino, apenas había iniciado el proceso de recuperación. No era, pues, si no me respondía, porque fuese una persona malvada, sino porque no podía mover los dedos. Si entonces hubiera desistido en mi empeño, no hubiera tenido la oportunidad de conocerlo. Hace poco, mientras yo estaba de viaje, fue al centro a buscarme, preocupado porque hacía tiempo que no se cruzaba conmigo. Ahora somos amigos.

La práctica del amor-amistad

«No he conocido a nadie –dijo, en cierta ocasión, el Buddha– que ame a los demás más de lo que se quiere a sí mismo. Quien se quiere a sí mismo debería cultivar, por tanto, el amor-amistad.» Empieza cultivando, pues, el amor-amistad hacia ti mismo con la intención de compartirlo luego con los demás. Ejercita ese sentimiento aceptándote tal cual eres y llenándote de bondad hacia ti mismo. Haz las paces con tus defectos y acepta tus debilidades. Muéstrate amable y comprensivo contigo tal como eres en este preciso instante. Y, si aparecen pensamientos diciéndote que deberías ser de tal o cual otro modo, déjalos estar. Asiéntate plena y profundamente en el sentimiento de bondad y amabilidad. Deja que el poder del amor-amistad impregne tu cuerpo y tu mente. Relájate en su calidez y su resplandor. ¡Expande luego este sentimiento a tus seres queridos, a quienes no conoces, a quienes te son indiferentes y hasta a tus enemigos!

Que las mentes de todos nosotros se vean libres de codicia, cólera, aversión, celos y temor. Que el pensamiento del amor-amistad nos abrace y envuelva. Que cada célula, cada gota de sangre, cada átomo y cada molécula de nuestro cuerpo y de nuestra mente se llene del pensamiento del amor-amistad. Que nuestro cuerpo y nuestra mente se relajen. Que nuestro cuerpo y nuestra mente se vean inundados por el pensamiento del amor-amistad. Que la paz y la tranquilidad del amor-amistad impregnen todo nuestro ser.

Ojalá puedan todos los seres, en todas direcciones y en todas partes del universo, tener un buen corazón. Que sean felices, que disfruten de buena fortuna, que sean amables y que tengan amigos bondadosos y compasivos. Ojalá puedan todos los seres, en todas partes, verse colmados por un sentimiento abundante, exaltado y más allá de toda medida, de amor-amistad. Ojalá se vean libres de enemistad, aflicción y ansiedad. Que todos ellos vivan felices.

Del mismo modo que caminamos, corremos o nadamos para fortalecer nuestro cuerpo, la práctica regular del amor-amistad fortalece nuestro corazón. Al comienzo, quizás nos parezca que estamos limitándonos a repetir palabras, pero, al asociarlas una y otra vez a los pensamientos de *metta*, esta actividad no tardará en convertirse en un hábito muy saludable. Con el tiempo, nuestro corazón se fortalecerá y la respuesta del amor-amistad se automatizará. Y, cuando nuestro corazón sea lo bastante fuerte, seremos capaces de dirigir nuestros pensamientos de amor y bondad hasta a las personas más problemáticas.

Que mis enemigos puedan disfrutar de salud, felicidad y tranquilidad. Que no les sobrevenga dificultad ni daño alguno. Que puedan verse libres del dolor. Que puedan encontrar siempre el éxito.

"¿Éxito?" Quizás haya quienes, en este punto, se pregunten: «Pero ¿cómo podemos desear éxito a nuestros enemigos? ¿Y qué sucedería si lo que quisieran fuese matarme?». Pero quizás haya que precisar que, cuando deseamos el éxito a nuestros enemigos, no estamos refiriéndonos al éxito mundano o al éxito de cometer una acción inmoral o poco ética, sino que les deseamos el éxito en el ámbito espiritual. Es evidente que nuestros enemigos no han tenido mucho éxito en el camino espiritual porque, en caso contrario, no nos desearían ningún mal.

Cuando deseamos que nuestros enemigos alcancen el éxito, lo que realmente estamos deseando es que se vean libres de la ira, la codicia y los celos y que disfruten de paz, bienestar y felicidad. ¿Por qué razón alguien se muestra cruel o desconsiderado? Quizás haya crecido en circunstancias difíciles. Puede que, en la vida de esa persona, existan situaciones que desconocemos y le lleven a actuar cruelmente. El Buddha señaló que debemos pensar en esa persona como alguien aquejado de una terrible enfermedad. ¿Acaso nos enfadamos o alteramos con las personas enfermas, o sentimos, por el contrario, simpatía y hasta compasión por ellas? Quizás nuestros enemigos merezcan, más todavía que las personas que queremos, nuestra bondad, porque su sufrimiento es mayor. Por todas esas razones debemos cultivar pensamientos positivos hacia ellos e incluirlos en nuestro corazón del mismo modo que hacemos con nuestros seres queridos.

Que puedan, todos aquellos que me han hecho daño, verse libres de avaricia, ira, aversión, odio, celos y temor. Que puedan estos pensamientos de amor-amistad envolverlos y colmarlos. Que cada célula, cada gota de sangre, cada átomo y cada molécula de su cuerpo y de su mente se vea colmada de pensamientos de amor-amistad. Que sus cuerpos y sus mentes estén relajados. Que la paz y la tranquilidad impregnen todo su ser.

La práctica del amor-amistad puede cambiar nuestros hábitos de pensamiento negativo y reforzar los positivos. Cuando practicamos *metta*, nuestras mentes se llenan de paz y felicidad y, en consecuencia, estamos más relajados y concentrados. Cuando, por otro lado, nuestra mente permanece tranquila y serena, desaparecen el odio, la ira y el resentimiento. Sin embargo, el amor-amistad no debe quedar circunscrito al ámbito de nuestros pensamientos, sino que tiene que manifestarse también en nuestras palabras y en nuestras acciones. No es posible cultivar el amor-amistad alejados del mundo.

Podemos empezar generando pensamientos amables hacia las personas con las que mantenemos un contacto diario. Si prestamos plena atención, podremos hacerlo, el tiempo que estemos despiertos, con todas las personas con las que nos encontremos. Siempre que veamos a alguien debemos considerar que, como nos ocurre a nosotros, esa persona aspira también a la felicidad y desea evitar el sufrimiento. Todos nos sentimos, al respecto, del mismo modo. Todos experimentamos lo mismo. Hasta los más pequeños insectos se alejan de lo que les resulta dañino. Cuando reconocemos ese fundamento compartido vemos el vínculo profundo que nos une a la cajera que nos atiende desde el otro lado del mostrador, al hombre que nos adelanta en la autopista, a la pareja joven que pasea por la calle y el anciano que da de comer a los pájaros en el parque. Recuerda esto, cada vez que veas a otro ser, sea cual fuere, y deséale paz, felicidad y bienestar. Se trata de una práctica que no solo puede cambiar tu vida, sino la vida también de quienes te rodean.

Quizás, al comienzo, puedas experimentar cierta resistencia a esta práctica. Quizás la práctica te parezca forzada. Quizás te sientas incapaz de generar ese tipo de pensamientos. Quizás, debido a tus experiencias, te resulte más sencillo sentir amor-amistad hacia determinadas personas que hacia otras. Los niños, por ejemplo, suelen poner naturalmente de relieve nuestros sentimientos de amor-amistad algo que, con otras personas, puede resultar más difícil. Observa tus hábitos mentales. Aprende a reconocer tus emociones negativas y empieza a deconstruirlas. Con la debida atención irás modificando poco a poco tus respuestas.

¿Acaso es posible cambiar realmente a una persona enviándole pensamientos de amor-amistad? ¿Puede, la práctica del amor-amistad, cambiar el mundo? Aunque, cuando enviemos amor-amistad a personas que están lejos o a personas que desconocemos, no podamos saber cuál es su efecto, sí que podemos verificar el efecto de la práctica del amor-amistad en nuestra propia paz mental. Lo más importante en este sentido es que nuestro deseo de felicidad ajena sea sincero. Verdaderamente, este efecto es inmediato. El único modo de comprobarlo es que hagas la prueba por ti mismo.

La práctica de *metta* no significa ignorar las acciones negativas de los demás. Simplemente quiere decir responder a ese tipo de acciones del modo apropiado. Hubo una vez un príncipe, llamado Abharaja Kumara, que se dirigió un día al Buddha preguntándole si, en alguna ocasión, se había mostrado duro con otras personas. En ese momento, el príncipe llevaba a un niño en su regazo.

–¿Qué harías, príncipe, si tu hijo pequeño se introdujera un trozo de madera en la boca? –preguntó el Buddha.

–Lo sostendría firmemente entre mis piernas e introduciría en su boca, a modo de gancho, mi dedo índice. Y, por más que llorase y patalease, acabaría quitándoselo de la boca –respondió el príncipe.

–¿Y por qué razón actuarías de ese modo?

–Porque quiero a mi hijo y querría salvar su vida –fue su respuesta.

–Hay veces –dijo entonces el Buddha– en que yo también debo ser rudo con mis discípulos, pero no por crueldad, sino por el amor que les profeso.

No era el enfado, sino el amor-amistad, el que motivaba las acciones del Buddha. El Buddha nos proporcionó cinco herramientas fundamentales –los cinco preceptos– para relacionarnos bondadosamente con los demás. Hay quienes conciben la moral como una forma de coartar la libertad, pero, de hecho, sus preceptos son liberadores porque nos liberan del sufrimiento que causamos a los demás y a nosotros mismos cuando actuamos de un modo desconsiderado. Estas directrices nos enseñan a proteger a los demás de todo daño, y al proteger a los demás, también estamos protegiéndonos a nosotros mismos. Los preceptos nos prescriben abstenernos de matar, robar, comportarnos de un modo sexualmente inapropiado, mentir, utilizar palabras rudas e ingerir tóxicos que provoquen conductas irreflexivas.

El desarrollo de la atención plena mediante la práctica de la meditación nos ayuda asimismo a relacionarnos de un modo amoroso y amistoso con los demás. Cuando estamos sentados sobre el cojín observamos la emergencia del deseo y del rechazo y procuramos, cuando aparecen ese tipo de pensamientos, relajar nuestra mente. Pero no solo aprendemos a contemplar el apego y la aversión como estados mentales provisionales, sino también a abandonarlos. La meditación nos ayuda a ver el mundo desde una nueva óptica, proporcionándonos una salida. Y, cuanto más profundicemos en nuestra práctica, más habilidades desarrollaremos.

Enfrentarnos al enfado

Cuando nos enfadamos con alguien solemos fijarnos exclusivamente en un aspecto particular de esa persona. Y eso solo ocurre, por lo general, durante unos instantes, el tiempo suficiente para unas palabras duras, una mirada de soslayo o una acción desconsiderada. Es como si, en nuestra mente, desapareciese el resto de la persona y solo quedara la parte que suscitó nuestro enfado. Pero, cuando hacemos eso, estamos aislando un fragmento minúsculo de la totalidad de la persona como algo consistente y verdadero. No tenemos en cuenta todos los factores y fuerzas que la han modelado, sino que nos concentramos solo en un aspecto, la parte que nos ha hecho enfadar.

Son muchas las cartas de presos que, a lo largo de los años, he recibido, expresándome su interés por aprender el Dhamma. Algunos de ellos han incurrido en actos terribles, asesinatos incluso, pero ahora ven las cosas de un modo muy distinto y quieren cambiar sus vidas. En cierta ocasión recibí una carta que conmovió muy profundamente mi corazón. En ella, su autor describía el modo en que los otros internos gritaban e insultaban al guardia cada vez que aparecía. Y poco importaban sus esfuerzos por explicar a sus compañeros que el guardia también era un ser humano, porque estaban cegados por el odio. Lo único que podían ver –según decía– era el uniforme, pero no el ser humano que había en su interior.

Siempre puedes, cuando te sientes furioso, preguntarte: «¿Estoy enfadado con el cabello de esa persona? ¿Estoy enfadado con su piel, con sus dientes, con su cerebro, con su corazón, con su sentido del humor, con su ternura, con su generosidad o con su sonrisa?». Cuando consideramos los numerosos elementos y procesos que componen a una persona, nuestro enojo se aplaca de manera natural. La práctica de la atención plena nos enseña a vernos, tanto a nosotros como a los demás, con mayor claridad, una comprensión que contribuye a que nos relacionemos con los demás con amor-amistad. Dentro de todos reside el núcleo de la bondad, aunque haya casos, como el de Angulimala, por ejemplo, en los que no sea posible percibir esa verdadera naturaleza. La comprensión de la noción de "no yo" contribuye a ablandar nuestro corazón y nos ayuda a perdonar las acciones negativas de los demás. De ese modo aprendemos a relacionarnos con los otros y con nosotros mismos con amor-amistad.

Pero ¿qué ocurre cuando alguien te hace daño? ¿Qué ocurre cuando alguien te insulta? ¿Adónde crees que conduce el deseo –muy humano, por otra parte– de vengarte? El *Dhammapada* afirma: «El odio nunca apacigua al odio», y la respuesta airada solo genera más ira. Si respondes, no obstante, a la cólera con amor-amistad, no se incrementará el odio de la otra persona y hasta es posible que acabe desvaneciéndose. Y el *Dhammapada* sigue diciendo: «Solo con amor se apacigua el odio».

Un enemigo del Buddha llamado Devadatta concibió, en cierta ocasión, un plan para acabar con su vida. Tras haber enfurecido a un elefante con alcohol, Devadatta lo soltó en un momento y lugar por el que sabía que pasaría el Buddha. Todos los que se encontraron con el elefante huyeron despavoridos y, cuando vieron al Buddha, le advirtieron que escapara, pero él, sin embargo, siguió caminando. Su devoto compañero, el venerable Ananda, pensó que podría detener al elefante, pero cuando Ananda se le adelantó tratando de protegerlo, el Buddha le pidió que se apartase. No había fuerza humana capaz de aplacar al animal.

Cuando el elefante llegó hasta donde estaba el Buddha, levantó su cabeza, separó sus orejas y alzó su trompa, presa de una furia incontenible. El Buddha simplemente se quedó de pie frente al elefante irradiando, hacia él, pensamientos de amor y compasión Y, para asombro de los presentes, el animal se detuvo. Y, cuando el Buddha levantó amablemente la palma de su mano en dirección al animal enviándole oleadas de amor-amistad, el elefante, manso como un corderillo, se prosternó ante él. Así fue como el poder del amor-amistad del Buddha acabó sometiendo a aquel animal enfurecido.

Responder al odio con más odio es una respuesta condicionada, que no es innata sino aprendida. Si se nos enseña, desde nuestra más tierna infancia, a ser pacientes, amables y bondadosos, el amor-amistad se convertirá en un hábito y acabará formando parte de nuestra vida. Y si se nos adiestra en sentido contrario, será el odio el que acabe convirtiéndose en un hábito. Pero, hasta en la edad adulta, podemos modificar nuestras respuestas habituales y aprender a reaccionar de manera diferente.

Existe otra historia relacionada con la vida del Buddha que nos enseña el modo más adecuado de responder a los insultos y las palabras rudas. Los enemigos del Buddha sobornaron a una prostituta, llamada Cinca, para que lo insultara y difamase. Cinca se sujetó a la cintura, bajo su gruesa vestimenta, un hatillo de ramas para parecer embarazada. En cierta ocasión en que el Buddha pronunciaba un sermón ante centenares de personas, se ubicó frente a él diciéndole: «¡Eres un granuja! ¡Finges ser un santo, pero mira lo que has hecho! ¡Me has dejado embarazada!». Sin perder la compostura, el Buddha se dirigió a ella y, lleno de amor-amistad y compasión, le respondió: «Tú y yo, hermana, somos los únicos que sabemos lo que realmente ha sucedido». Cinca se quedó tan consternada por la respuesta del Buddha que, al tratar de marchar, tropezó, cayéndosele las ramas que llevaba sujetas al vientre. Al darse cuenta del engaño, algunas personas trataron de golpearla, pero el Buddha las detuvo diciendo: «¡No! ¡Ese no es el modo en que debéis tratarla! Debemos ayudarla a entender el Dhamma. Ese es un castigo mucho más eficaz». Y, cuando el Buddha le enseñó el Dhamma, la personalidad de la mujer cambió y se convirtió en una persona amable, bondadosa y compasiva.

Cuando alguien trata de enfadarte o hacerte daño debes cultivar, hacia ella, pensamientos de amor-amistad. La persona impregnada de pensamientos de amor-amistad –dijo el Buddha– es como la tierra. Aunque alguien pueda intentar que la tierra desaparezca empleando, para ello, una azada o una pala, es un acto inútil porque, por más que excavemos –durante una o varias vidas– no podremos hacerla desaparecer. La tierra se mantendrá impasible, sin sufrir merma alguna. La persona llena de amor-amistad también se halla, del mismo modo, fuera del alcance del odio.

Otro episodio de la vida del Buddha habla de un hombre llamado Akkosina (un término que significa "el que nunca se enfada"), que era exactamente lo opuesto a lo que decía su nombre, ya que siempre estaba enfadado. Cuando se enteró de que el Buddha no se enfadaba con nadie decidió hacerle una visita. Así fue como, dirigiéndose al Buddha, empezó a insultarle y echarle en cara todo tipo de cosas. Cuando concluyó su airado discurso, el Buddha le preguntó si tenía amigos y parientes.

–Sí –respondió él afirmativamente.

–¿Les llevas regalos cuando los visitas?

–Por supuesto –dijo el hombre–. Siempre les llevo regalos.

–¿Y qué sucede si no aceptan tus regalos? –preguntó el Buddha.

–Que los llevo conmigo y disfruto de ellos con mi familia.

–Tú me has traído hoy –concluyó entonces el Buddha– un regalo que no acepto, por lo que puedes llevártelo contigo para disfrutarlo con tu familia.

Con paciencia, ingenio y amor-amistad, el Buddha nos invita a cambiar el modo en que pensamos en el "regalo" de las palabras airadas.

Cuando respondemos a los insultos o las palabras airadas con atención plena y amor-amistad podemos contemplar detenidamente la situación en su totalidad. Quizás esa persona no se daba cuenta de lo que estaba diciendo. Quizás sus palabras no pretendían hacernos daño. Tal vez simplemente haya actuado de manera inocente o descuidada. Puede que sea nuestro propio estado de ánimo el que nos haya llevado a interpretar negativamente las cosas. Quizás no hayamos escuchado claramente lo que ha dicho o hayamos malinterpretado el contexto. Y también es importante considerar cuidadosamente lo que la persona dice. Si respondemos con enfado, no podremos escuchar el mensaje que hay detrás de las palabras. Quizás esa persona esté tratando de llamar nuestra atención sobre algo que necesitemos oír.

Todos conocemos a personas que nos sacan de nuestras casillas. Sin atención plena respondemos automáticamente con enfado o resentimiento, pero con atención plena podemos observar la reacción de nuestra mente ante determinadas palabras o situaciones. Como hacemos cuando estamos sentados sobre el cojín de meditación, tenemos la posibilidad de observar la emergencia del apego y la aversión. La atención plena es como una red de seguridad que nos protege de las acciones negativas. La atención plena nos proporciona tiempo y, con él, la posibilidad de elegir. No tenemos por qué vernos desbordados por nuestros sentimientos. En lugar de reaccionar ante ellos con ignorancia, podemos hacerlo con sabiduría.

El amor-amistad universal

El amor-amistad no es algo que hagamos sentados en un cojín, pensando, pensando y pensando. Debemos dejar que su poder impregne cada uno de nuestros encuentros. El amor-amistad es el principio básico que subyace a todos nuestros pensamientos, palabras y acciones positivas. Gracias a él reconocemos claramente las necesidades ajenas y podemos ayudarles mejor. Los pensamientos de amor-amistad nos permiten valorar y alegrarnos del éxito ajeno. Necesitamos el amor-amistad para vivir y trabajar armónicamente con nuestro prójimo. El amor-amistad nos protege del sufrimiento causado por la ira y los celos. Cuando cultivamos el amor-amistad, la compasión, la alegría empática y la ecuanimidad, no solo hacemos más agradable y pacífica la vida de quienes nos rodean, sino también la nuestra. El poder del amor-amistad, como la luz del sol, es inconmensurable.

Que puedan, todos aquellos que están presos legal o ilegalmente, todos aquellos que se encuentren bajo custodia policial en cualquier parte del mundo, encontrar la paz y la felicidad. Que todos ellos se vean libres de la codicia, la ira, la aversión, el odio, los celos y el temor. Que sus cuerpos y sus mentes se impregnen de pensamientos de amor-amistad. Que la paz y la tranquilidad del amor-amistad impregne todo su cuerpo y toda su mente.

Que todos los que, afectados por numerosas enfermedades, están en hospitales, encuentren la paz y la felicidad. Que puedan verse libres del dolor, las aflicciones, la depresión, la desesperanza, la ansiedad y el temor. Que estos pensamientos de amor-amistad los abracen a todos. Que sus mentes y cuerpos se impregnen de pensamientos de amor-amistad.

Que todas las madres que afrontan los dolores del parto encuentren la paz y la felicidad. Que cada gota de sangre, cada célula, cada átomo y cada molécula de su cuerpo y de su mente se impregne de pensamientos de amor-amistad.

Que todos los padres que cuidan de sus hijos encuentren la paz y la felicidad. Que tengan paciencia, ánimo, comprensión y determinación para enfrentarse y vencer las inevitables dificultades, problemas y fracasos de la vida. Que todos ellos estén sanos, felices y tranquilos.

Que todos los niños que sufren diferentes tipos de abuso a manos de los adultos encuentren la paz y la felicidad. Que todos ellos se vean colmados de pensamientos de amor-amistad, compasión, alegría empática y ecuanimidad. Que se encuentren en un estado apacible. Que estén relajados. Que sus corazones tengan ternura.

Que sus palabras agraden a los demás. Que estén libres de miedo, tensión, ansiedad, preocupación e inquietud.

Que todos los gobernantes sean amables, bondadosos, generosos y compasivos. Que sean capaces de entender a los oprimidos, los desvalidos, los marginados y los pobres. Que sus corazones se conmuevan con el sufrimiento de sus congéneres más desafortunados. Que los pensamientos de amor-amistad los abracen y envuelvan. Que cada célula, cada gota de sangre, cada átomo y cada molécula de su cuerpo y su mente se vea impregnada de pensamientos de amor-amistad. Que la paz y la tranquilidad del amor-amistad impregne todo su ser.

Que los oprimidos, los desfavorecidos, los pobres y los marginados encuentren la paz y la felicidad. Que se vean libres de dolor, la aflicción, la depresión, la decepción, la ansiedad y el miedo. Que todos ellos, en todas las direcciones y lugares del universo, estén sanos, felices y en paz. Que tengan paciencia, valor, comprensión y determinación para enfrentarse y superar las inevitables dificultades, problemas y fracasos de la vida. Que estos pensamientos de amor-amistad los abracen y envuelvan. Que sus mentes y sus cuerpos se impregnen de pensamientos de amor-amistad.

Que, en todos los lugares, todos los seres de cualquier apariencia y forma —dotados de dos, cuatro, numerosas piernas o ninguna, nacidos o por nacer, en este mundo o el siguiente— disfruten de una mente feliz. Que nadie, en ningún lugar, engañe ni menosprecie a los demás. Que nadie desee el mal a otros. Que pueda yo cultivar un corazón ilimitado hacia todos los seres vivos, arriba, abajo y alrededor, sin obstáculos, odio ni resentimiento. Que todos los seres se vean libres del sufrimiento y puedan alcanzar la paz perfecta.

El amor-amistad va más allá de los límites establecidos por la religión, la cultura, la geografía, la lengua y la nacionalidad. Es una ley universal y antigua que, con independencia de la forma que asumamos, nos une. El amor-amistad debe ser practicado de manera incondicional. El dolor de mi enemigo es mi dolor, su odio es mi odio y su amor-amistad es el mío. Si él es feliz, yo soy feliz, si él está en paz, yo estoy en paz y, si él está sano, yo también lo estoy. Al igual que todos compartimos el sufrimiento, sin importar las diferencias que nos separan, también debemos compartir el amor-amistad con todas las personas y en todas partes. Ninguna nación puede mantenerse sin la ayuda de las demás y ninguna persona, del mismo modo, puede sobrevivir aisladamente. Para sobrevivir necesitamos la presencia de otros seres vivos, de otros seres que están destinados a ser diferentes a nosotros. Así son las cosas. Debido a esas diferencias, la práctica del amor-amistad es el lazo absolutamente indispensable que nos une.

Índice

Abharaja Kumara, 223
Abhidhamma, 13
aburrimiento, 58, 128, 197, 199
aceptación, vipassana y, 54-55, 136, 165-166,
    182-183, 219
actitud, meditación y, 53-58, 94-95
actividad a cámara lenta, 185, 195-196
actividades cotidianas, *ver* cotidianas, ac-
    tividades
agitación, 130-131, 153-154, 179
    ver también inquietud
Akkosina, 228
alegría empática, 212-213
amor-amistad, 109-116, 209-232
    actuar desde el, 212, 223
    atención plena y, 209, 224
    capacidad innata para el, 214-219
    compasión y, 114
    enfado y, 224-229
    hacia enemigos, 114-115, 219-222
    hacia todos los seres, 110-111, 222,
        229-232
    hacia uno mismo, 110, 219
    meditación y, 111, 114, 116
    moralidad y, 115
    obstáculos y, 110, 221-222, 224
    paz mental y, 209-210
    práctica y, 220
    purificación y, 114
    resistencia al, 222-223
    simil con la maternidad, 212-213
    simil de la tela sucia, 216-217
    universal, 229-232

vida del Buddha y, 214-215, 223, 225-
    228
vínculo creado por el, 211-212
Ananda, 226
anatta, 171-172
    ver también identidad, ausencia de
Angulimala, 214-215, 225
anicca, 171-172
    ver también impermanencia
ansiedad, 49, 124, 197
apego, 18, 49-50, 147, 206
    meditación y, 54-55
appamada, 173
    ver también atención plena
ascetismo, 103, 122-123
atención, objetos de,
    atención plena y, 123, 181-182
    cambio de, 76-77, 146, 160-161, 182
    en el canon pali, 12-13
    foco mental y, 66, 85-88
atención plena,
    aburrimiento y, 128, 197, 199
    actividades fundamentales de la, 169-
        172
    amor-amistad y, 209, 224
    ausencia de ego y, 43, 171-172, 202-
        203
    cambio y, 167
    codicia y, 62-63, 74-75, 140-141, 151-152
    como atención desnuda, 166-170, 173
    como conciencia no conceptual, 166
    como conciencia sin ego, 109-110, 167,
        181

concentración y, 59, 177-185
cultivo de la, 44, 97-99
descripción de la, 44, 163-168, 174-175
distracciones y, 148, 150, 182
dolor y, 123-124
ego y, 109-110, 167, 181
entorpecimiento mental y, 135-136
esfuerzo y, 180-181
como espejo mental, 165
espontaneidad de la, 202
estados no limitados por la, 179-180, 185
experiencia de la, 163, 169-170
extinción del ego y, 109-110, 202-203
forzar y, 180-181
función recordatoria de la, 169-170, 173-175
hablar y escuchar con, 63
ignorancia y, 62-63
iluminación y, 151, 174-175, 200
imparcialidad de la, 165-166
impermanencia y, 171-172
insatisfacción y, 171-172
letargo y, 152-153
lujuria y, 173-174
meditación y, 173-175, 183, 189
miedo y, 129-130
momento presente y, 165-166
moralidad y, 229
movimiento lento y, 185, 195-196
naturaleza amorosa de la, 109-110, 167, 181
naturaleza inclusiva de la, 182-183
naturaleza preconceptual de la, 164
objetivo de la, 59
objetos de atención y, 123, 181-182
observación participativa y, 167-168
observación sin juicios y, 165
obstáculos y, 173-174, 201-202
odio y, 62-63, 174
paciencia y, 182-183
práctica de la, 161, 183-184
práctica de la respiración y, 59, 74-75, 196-197
presimbólica, 168
problemas y, 118
proceso de la, 173
sabiduría y, 181

simil del agua embarrada, 66, 97-98
símil del elefante, 87
sinceridad de la, 62
tensión y, 132
ver las cosas tal como son y, 170-171
ausencia de identidad, *ver* identidad, ausencia de
autodisciplina, 104-105
aversión, 19, 49, 152, 179
ver también rechazo del obstáculo

beatitud, *ver* éxtasis
bhavana, 45
"buddha de piedra", síndrome del, 183
Buddha Gotama,
amor-amistad del, 214-215, 223, 225-228
discursos del, 13
heterodoxia del, 46, 107
Buddhaghosa, 13
búdica, naturaleza, 202
budismo,
antiautoritarismo del, 46
dolor y, 118-120
empirismo y, 46, 171
fe y, 25, 46, 171
Mahayana, 12
religiones teístas y, 10
Tantra, 42-43
Theravada, 10-12, 107, 183
Zen, 12, 42-43

calor, respiración y, 75
cambio,
atención plena y, 167
concentración momentánea y, 73-74
conciencia y, 12-13, 57, 74
experiencia física, 12-13, 74
fenómenos mentales y, 12-13, 74, 155-156, 204-205
momento presente y, 66, 73-74, 204-205
naturaleza incesante del, 17-18, 204-205
práctica de la respiración y, 12-13, 57, 74
ver también impermanencia
camino de la liberación, El (Upatissa), 13
camino de la purificación, El (Buddhagho-sa), 13

celos, 56, 58
Cinca, 227
compasión,
    amor-amistad y, 114
    meditación y, 24
    moralidad y, 33
    pensamiento y, 140-141
    piedad y, 212-213
    sabiduría y, 33
concentración,
    atención plena y, 59, 177-185
    en el budismo, 42-43
    contemplación y, 41
    definición de, 93, 178
    distracciones y, 137-143
    entorpecimiento mental y, 135-136
    equilibrio con la conciencia y, 11, 42,
        184-185
    fenómenos mentales y, 86-87
    como herramienta, 178-179
    insana, 178
    en el judeocristianismo, 41
    meditación y, 33
    mente errática y, 68-72, 87, 91-92, 94,
        147
    miedo y, 129-130
    momentánea, 73-74
    naturaleza forzada de la, 177
    obstáculos a la, 179-180
    plegaria como, 41
    procesos mentales y, 87, 157
    respiración y, 68-72, 138
    signos de la, 73-74, 138-139
    símil de la lupa, 178
    símil del agricultor, 72-73
    en la tradición hindú, 42
    vipassana y, 11, 28-29, 74, 183
    visión profunda y, 28-29
    ver también *jhana*; *samatha*
conceptualización, 157-160, 164, 203
conciencia,
    inconsciente y, 18, 98-99, 130, 156
    meditación y, 12-13, 57, 74
    ver también darse cuenta
confianza en uno mismo, 94
contemplación, 39, 41
cotidianas, actividades,
    conciencia y, 198-200
    espontánea, 188

meditación sedente y, 187-190
momentos perdidos y, 197
movimiento y, 195-196, 199
objetivo de la práctica y, 169, 189, 199
paseo meditativo y, 190-193
postura corporal y, 193-194
respiración y, 196-197
cuerpo,
    cambio y, 12-13, 74
    identificación con el, 206-207
    en la meditación, 65-66, 80
    mente y, 50-62, 79
    movimiento y, 198
    sensación y, 60, 125
    ver también postura

darse cuenta,
    alerta y, 90-91
    atención desnuda y, 166-170, 173
    ausencia de identidad y, 109-110, 158,
        167, 181
    concentración y, 11, 43-44, 184-185
    conciencia sin ego y, 109-110, 166, 181
    estados mentales y, 157
    inconsciente y, 156
    meditación como, 189
    objetivo del, 28-29, 169, 189, 199
    preconceptual, 157-160, 164, 203-204
    tantra y, 43
    vipassana y, 38, 43-44, 95, 109
    Zen y, 42
    ver también atención plena; conciencia
depresión, 124, 166, 199
desaliento, 133
desapego, 49-50, 130
deseo,
    atención plena y, 62-63, 74, 140, 151-152,
        173-174
    impermanencia y, 60-61
    origen del, 56-57, 110, 201
    pensamientos y, 86, 140-142, 151-152
    de sentimientos nobles, 155-156
    superación del, 140-141
Devadatta, 226
Dhamma, 109
Dhammapada, 23, 226
disciplina, 104-105
distracciones,
    apego y, 147

atención plena y, 148, 150, 182
    beatitud en la meditación y, 155
    como obstáculos, 151-155
    entorno y, 97-100
    marco de referencia y, 87
    observación de las, 145-151, 154
    técnicas para afrontar las, 137-143, 148-151, 155
dolor, 120-124
    ascetismo y, 103, 123
    atención plena al, 123-124
    ausencia de identidad y, 123, 158
    meditación y, 121-124, 157-158
    placer y, 117
    postura correcta y, 80, 121
    relajación y, 122-123
    resistencia y, 122-123
    sufrimiento frente a, 119
duda, 154, 179
dukkha, 19, 171-172, 206
    ver también insatisfacción; sufrimiento

ecuanimidad, 212-213
ego,
    atención plena y, 109-110, 202
    obstáculos derivados del, 38, 110, 201
    pensamiento y, 43
    sensación de separación y, 201
    ver también yo
egoísmo, 38, 181-182
elementos, 75
emociones,
    meditación y, 60, 76, 134, 141, 165
    negativas, 140-142
    ver también *emociones específicas*
empática, alegría, 212-213
empirismo, vipasana y, 44, 46, 55, 203-207
energía, meditación y, 109
enfado, 62-63, 224-229
entorpecimiento mental, 135-136
escuchar con atención plena, 63
esfuerzo, 54, 98, 131-132, 180-181
estupor, 135-136
ética, 34-35
expectativas, 54
experiencia, división de la, 18, 57-58, 206-207
éxtasis, 11, 28, 37, 155

fe, 25, 47, 171
felicidad, 20-21, 23
física, sensación, 60, 125
    ver también dolor

generosidad, 140-142

hablar con atención plena, 63
hinduismo, 42

identidad, ausencia de
    atención plena y, 43-44, 171-172, 202
    de la atención plena y, 109-110, 167, 181
    conciencia y, 109-110, 158, 167, 181
    dolor y, 123, 158
    ignorancia y, 62, 207-208
    como objetivo de la práctica, 43, 75, 207-208
    práctica de la respiración y, 75-77
ignorancia, 60, 62-63, 207-208
impermanencia,
    atención plena e, 171-172
    del cuerpo, 47-48, 61-62
    existencia e, 47-48
    objetivo de la práctica e, 44, 74-75, 207-208
    práctica de la respiración e, 74-77
    sufrimiento e, 49
    superación de obstáculos e, 60-61
    ver también cambio
inconsciente, 18, 98-99, 130, 147, 156
inquietud, 25, 58, 130-131, 153-154
insatisfacción,
    atención plena e, 171-172
    percepción de la, 43, 76, 206-208
    práctica de la respiración e, 76-77
    ser humano e, 15-17, 19-20
intuición, 26, 35, 197
investigativa, meditación y actitud, 44, 46-47, 91-92, 118-119

jhana, 28-29, 31
    ver también concentración

letargo, 152-153
liberación, 12, 140, 200
lujuria, 58, 60, 140, 173-174, 179

maestro, papel del, 13
Mahayana, budismo, 12
manos, posición de, 82, 121
meditación,
    actitudes que favorecen la, 53-58, 94-95
    budista, 33, 42-43
    contemplación y, 39, 41
    duración de la, 65-66, 102-105, 190
    energía y, 109
    entorno y, 99-100
    errores sobre la, 27-40
    hindú, 42
    judeocristiana, 41
    en grupo, 100
    programación de la, 97-99, 101-102, 126
    propósito de la, 23, 25-26
    resistencia a la, 134-135
    resultados de la, 39-40, 51
    sabiduría y, 33
    sentido común y, 15
    símil del campo, 24-25
    símil del elefante, 87
    transformación personal y, 25-26, 51-52
memoria, 76, 129-130, 159, 173
mental, entorpecimiento, 135-136
mentales, fenómenos,
    apego y, 155, 162
    cambio de los, 12-13, 74, 155-156, 205
    concentración y, 86-87, 156
    conceptualización de los, 164
    conciencia y, 12-13, 57, 64
    inconsciente y, 18, 98-99, 130, 147, 156
    memoria y, 76, 130
    pensamiento y, 49-50, 66, 74, 86-87, 156
    sin conceptualización, 157-160
    temporalidad de los, 155-157
    ver también mente
mentales, meditación y notas, 140, 146, 192-193
mentales universales, factores, 60
mente,
    apego y, 155, 162
    complejo cuerpomente y, 59-62, 79
    conceptualización y, 157-160
    como conjunto de acontecimientos, 53

disciplina de la, 20, 33
embotamiento de la, 92-93
entorpecimiento de la, 135-136
errática, 145-146
inconsciente y, 18, 98-99, 130, 147, 156
locura y, 92-93
del mono, 92, 183
objeto de atención y, 68-72, 87, 93, 95, 146-147
purificación de la, 23, 59, 64-65, 114
relajación de la, 121-122
simil del agua embarrada, 66, 97-98
tranquilidad, 11
    ver también pensamiento
metta, 209
    ver también amor-amistad.
miedo, meditación y, 58, 60, 93, 129-130, 166
mindfulness, *ver* atención plena
mitra, 213-214
    ver también amor-amistad
momento presente,
    atención plena y, 165-166
    cambio y, 66, 73-74, 204
    meditación y, 66-67, 73-74, 89, 95, 159
    respiración y, 66-67, 89, 95, 203-204
monasterio, 179
moralidad,
    amor-amistad y, 115
    atención plena y, 229
    compasión y, 33
    ética y, 34-35
    como hábito, 25
    intuitiva, 35-36
    meditación y, 27, 33-35
    niveles de, 34-35
    preceptos de, 223-224
    símil del baño en el océano, 34

nibbana, 110, 162, 208

objetivos de la práctica,
    atención plena y, 59
    ausencia de yo y, 44, 74-75, 207-208
    darse cuenta y, 28-29, 169, 189, 199
    éxtasis y, 37
    impermanencia y, 44, 74-75, 207-208
    insatisfacción y, 44, 74-75, 207-208

jhana y, 28-29
liberación y, 12
muy elevado, 94-95
naturaleza quíntuple de los, 64-65
transformación y, 187-188
visión profunda y, 29
objetos de atención, *ver* atención, objetos de
obsesión, 140-142
obstáculos,
    amor-amistad y, 110, 224, 227
    atención plena y, 173-174, 201-202
    a la concentración, 179-180
    ego y, 38, 110, 201
    impermanencia y, 60-61
    tipos de, 151-155
odio,
    amor-amistad y, 110, 115, 224, 227
    atención plena y, 62-63, 173-174
    benevolencia y, 110
    hacia uno mismo, 110, 215
    origen del, 56-57, 110
    pensamiento y, 140-142
oración, 41
orgullo, 56, 62

paciencia, 39-40, 54, 105, 124, 182-183
pali, literatura, 12-13
paseo meditativo, 190-193
passana, 45
pensamiento(s),
    avidez y, 86, 140-142, 151-152
    contrarrestar el, 140-142
    discursivo, 56, 91-92
    división de los, 140
    ego y, 43
    experiencia del, 169-170
    libertad del, 203
    meditación y, 49-50, 66, 74, 86-87, 156-157
    obsesivo, 49-50, 86, 140-142
    odioso, 140-142
    ver también mente
piedad, 212-213
planificación de la práctica, 97-99, 101-102, 126
poderes psíquicos, 31
postura, 79-83, 120-121, 193-194
práctica, objetivos de la, *ver* objetivos de
    la práctica

preceptos, 223-224
presente, momento, *ver* momento presente
principiante, errores del,
    exceso de esfuerzo, 32, 103
    excitación, 124
    forzar la respiración, 92
    pensamiento discursivo, 85-86
    quemarse, 102
    problemas, 56, 117-136
        ver también *problemas específicos*.
purificación,
    amor-amistad y, 114
    felicidad y, 24
    de los irritantes psíquicos, 24, 114-115
    meditación y, 23-24
    de la mente, 23, 59, 64-65, 114

reacción, observación de la, 49-50
realidad,
    construcción de la, 49-50
    vipassana y, 10, 50, 57-60
rechazo, obstáculo del, 18, 152
recitaciones, 107-112, 216, 230-231
relajación, 28-29, 37, 80, 121-122
resentimiento, 60, 64, 113, 214, 222
resistencia a la meditación, 134-135
respiración, práctica de la,
    actitud de investigación en la, 91-92
    atención errática y, 68-72, 87, 91-92,
        94, 146-147
    atención plena y, 59, 74-75, 196-197
    ausencia de yo y, 75-77
    calma durante la, 67, 75-76, 93-94
    cambios de conciencia y, 12-13, 57, 74
    concentración y, 68-71, 138-139
    conectar con la, 89-90
    contar respiraciones y, 68-72, 138-139
    controlar la respiración y, 88-91, 126,
        138
    darse cuenta durante la, 66-67, 139
    determinación de la, 95
    elementos y, 75
    entorpecimiento mental y, 92-93
    experiencia de liviandad y, 73
    experiencia mental y, 12-13, 74
    fascinación por la, 91
    fosas nasales y, 67, 72, 89-90
    como hogar, 66, 76-77, 88
    impermanencia y, 74-77

insatisfacción y, 74, 77
interconexión de pensamientos y, 57-58, 88
longitud de la respiración y, 66-67
momento presente y, 66-67, 89, 95, 203-204
objetos de atención y, 76-77, 146, 161
observación del calor y, 75
pausa entre respiraciones y, 67, 71-72
pensamiento discursivo y, 92-93
respiración sutil y, 67, 73-74
respirar normalmente durante la, 66, 91
ritmo de expansión y contracción de la, 75-76
ritmo respiratorio y, 71
Satipatthana Sutta y, 85
signos experimentados durante la, 73-74
símil del agricultor, 72-73
simil del carpintero y, 72, 90
símil del elefante, 87
símil del portero, 71-72
universalidad de la, 57-58, 88
ritual, 107-108
ropa, meditación y, 81, 121

sabiduría, 25, 33, 59, 140, 181
samadhi, 93
    ver también concentración
samatha, 11-12
    ver también concentración
Sangha, 109
Sariputta, 63-64
sati, 93, 163, 166, 173
    ver también atención plena
Satipatthana Sutta, 43, 85
sexuales, sensaciones, 58, 60, 140
somnolencia, 125-126, 152-153
sonido,
    como distracción, 99
    meditación y, 76, 159-160

sublimes, estados, 212-213
sufrimiento,
    causa del, 19-21, 49, 158, 206
    cesación del, 22-23, 60-61, 182
    dolor frente a, 119
    experiencia humana y, 15-20, 206
Suttas, 13

tantra, 43
Theravada, budismo, 10-12, 107, 183
tiempo,
    como concepto, 203-204
    distracciones y, 137-138
    de meditación, 65, 102-105, 190
    resultados de la meditación y, 39-40, 51
Tipitaka, 13
trance, 29-30
transformación, 25-26, 51, 187

universalidad, conciencia de la, 57-58, 88
Upatissa, 13

ver las cosas como realmente son, 50, 59, 170-171
verbalizaciones, 66, 139, 147, 192-194
Vimuttimagga (Upatissa), 13
Vinaya, 13
vipassana bhavana, 45
vipassana, término, 45
visión profunda, meditación de la, 10-12
Visuddhimagga (Buddhaghosa), 13

yo,
    comparación con los demás y, 56-57
    construcción del, 50-51, 158, 207
    falsa sensación del, 50
    ignorancia y noción de, 60
    ver también ego

Zen, budismo, 12, 42-43